Klaus Prömpers
So geht Frieden

Klaus Prömpers

So geht Frieden

Von Menschen, die um ihn ringen

Bibliografische Information der Deutschen Nationalbibliothek
Die deutsche Nationalbibliothek verzeichnet diese Publikation in der
Deutschen Nationalbibliografie; detaillierte bibliografische Daten sind im
Internet über http://dnb.ddb.de abrufbar.

MIX
Paper from
responsible sources
FSC® C011558
www.fsc.org

ClimatePartner ○
klimaneutral

Zertifikatsnummer:
53323-1509-1024
www.climatepartner.com

Titelgestaltung: Karin Cordes, Dipl.-Grafikerin mit Fotos von picture-
alliance, Herder-Verlag, wikimedia-commons

© 2014 by Bonifatius GmbH Druck · Buch · Verlag Paderborn

ISBN 978-3-89710-638-3

Gesamtherstellung:
Bonifatius GmbH Druck · Buch · Verlag Paderborn

Inhaltsverzeichnis

Vorwort

Seit 70 Jahren leben wir in einer Phase des Friedens. Das ist außergewöhnlich für Europa. Frieden heißt nicht nur Abwesenheit von Krieg. Es geht auch um sozialen Frieden. Balkan, Syrien, Afghanistan, Irak, Ukraine, Georgien und Afrika sind Begriffe, die jedem durch den Kopf gehen, wenn wir von Gefahren für den Frieden sprechen. Der Krieg in Syrien geht ins fünfte Jahr. Und im UN-Sicherheitsrat herrscht noch immer weitgehend Untätigkeit. Der Klimawandel stellt uns vor neue Herausforderungen: Menschen von weit her suchen bei uns Zuflucht, weil sie in ihrer Heimat wegen Krieg, Hunger oder Dürre für ihre Familien keinerlei Zukunft sehen.

Ich habe Menschen getroffen, die diesen Gefahren begegnen wollen. Als Journalist bin ich Frauen und Männern in den letzten mehr als 40 Jahren begegnet, die auf sehr unterschiedliche Weise versuchten, den Frieden zu bewahren, zu festigen oder zu erringen. Sie haben als Diplomaten, Soldaten, Politiker oder Kirchenleute ihren Beitrag dazu geleistet, dass Deutschland nach zwei Weltkriegen und zwei Diktaturen auf einem guten Weg in Europa ist. Aber dieser Weg ist nicht unumkehrbar, wie die Flüchtlingskrise, die Eurokrise und Griechenland zeigen. Viele Faktoren, die teils mittelbare Folgen der Kriege in Nahost und andernorts sind, führen zu jener hohen Zahl an Flüchtlingen, die uns im Jahr 2015 überraschte: jahrelanges Leben in engen Camps, Mangel an Arbeitsplätzen, an schulischer Bildung für die Kinder, Armut, insgesamt also Unterentwicklung.

Frieden zu erringen oder zu wahren ist also durchaus vielgestaltig. Es ist kein einfacher Prozess, sich dabei seiner eigenen Stärken und Schwächen bewusst zu werden. Das vereinigte Deutschland übernimmt wieder mehr

Verantwortung in der Welt und wird doch unbedeutender angesichts der aufstrebenden Staaten wie China, Indien, Brasilien, Nigeria.

Der Klimawandel beschäftigt nicht mehr nur die Experten, sondern er greift in unser tägliches Leben ein.

Papst Franziskus stellt den Glauben auf den Kopf, oder führt er uns zurück auf den Kern der Botschaft?

Ich habe mit vielen Akteuren dieser 40 Jahre noch einmal gesprochen und im Rückblick versucht, die Motive ihres Handelns auszuleuchten. Wie Frieden wirklich gestaltet werden kann, haben sich alle Verantwortlichen gefragt. Ihre Antworten fallen unterschiedlich aus. Alle, die hier beschrieben werden, wollten helfen, der nächsten Generation ein besseres Leben zu ermöglichen.

Die Personen haben die Veränderungen der letzten Jahrzehnte in sehr unterschiedlicher Weise mitgestaltet. Vieles davon wurde für jeden spürbar.

Meine Erinnerungen erheben nicht den Anspruch, vollständig zu sein. Mit Recht mag die Leserin, der Leser einwenden, es fehle etwas. Aber ich will gar nicht versuchen, eine komplette Geschichte der Jahre 1970 bis 2015 zu schreiben. Es ist ein Buch voller Geschichten um Personen, denen ich in meinem Berufsleben begegnete. Sie wollten den Frieden bewahren, sichern oder dazu beitragen, ihn wiederzugewinnen.

Das Buch bietet natürlich keine Rezepte, wie Frieden geht, sondern beschreibt die Wirklichkeit, die uns immer wieder mit Erfolgen verwöhnt und mit Misserfolgen enttäuscht. Sich nicht entmutigen zu lassen, ist vielleicht allen Personen gemeinsam trotz mancher Ernüchterung, die das Leben bisweilen bereitet. Alle kennzeichnet der Optimismus, dass Veränderung möglich ist, wenn man wirklich will.

Klaus Prömpers im Herbst 2015

Aufrüstung, Nachrüstung, Abrüstung

Bernhard Dittrich
Helmut Kohl
Horst Teltschik
Joseph Kardinal Höffner

Anfang der 70er-Jahre begannen die USA und die Sowjetunion auszuloten, ob man die vorhandenen Atomwaffen begrenzen oder gar verringern könnte. Die Experten gingen davon aus, dass ein weiterer Anstieg der Zahl von Interkontinentalraketen, Mittelstreckenraketen und atomaren Gefechtsfeldwaffen und deren Stationierung das Risiko erhöhen würden, eine der Waffen versehentlich auszulösen. Die USA hatten am Ende des Zweiten Weltkrieges erstmals Atombomben in Hiroshima und Nagasaki eingesetzt. Die Wirkung dieser Waffen war verheerend.

Militärstrategen entwickelten die Doktrin der „atomaren Abschreckung". Die führte zur Aufrüstung im Kalten Krieg auf sowjetischer Seite wie auch auf Seiten der USA: Interkontinentalraketen wurden gebaut und auf beiden Seiten aufgestellt. Sie bedrohten die jeweiligen Hauptstädte und die Industriezentren. Um 1970 verfügten die USA bereits über ca. 1054 Interkontinentalraketen, die Sowjetunion über 1500. Und die Zahl der Raketen und Atomsprengköpfe wuchs weiter. Den Wahnsinn des Wettrüstens zu verstehen, schien schier unmöglich. Angesichts der mehrfachen gegenseitigen Vernichtungsfähigkeit verhandelten die USA und die Sowjetunion 1972 den Anti-Ballistic-Missile-Vertrag (ABM), der eine Reduzierung der Raketenabwehrsysteme auf zwei pro

Großmacht vorsah. Unbeschadet dessen ging das Wettrüsten weiter.

An der Grenze des Eisernen Vorhangs quer durch Europa trug die atomare Abschreckung zu einer Art Friedhofsruhe bei. Verstärkt wurde dieser Eindruck nach dem Bau der Mauer und der Grenzsperranlagen durch Deutschland. Die vielen Toten bei „illegalem Grenzübertritt" an der innerdeutschen Grenze klagen bis heute an.

Das Volk im Osten begehrte auf. Im Jahr 1953 fand der Arbeiteraufstand in der DDR statt, 1956 der Aufstand in Ungarn, 1968 der Prager Frühling. Die Herrschenden erstickten die Rufe nach Freiheit und Demokratie. Die Flüchtlingsströme, die folgten, wurden damals im Westen willkommen geheißen. Immer wieder starben Menschen beim Versuch, die Grenzen zu überwinden. Das galt für Berlin wie an der innerdeutschen Grenze. Aber es gab auch Fluchtversuche in anderen sozialistischen Staaten des Ostblocks, die eine Grenze mit dem „kapitalistischen Westen" hatten. Dazu gehörte Bulgarien, von wo aus man in die Türkei fliehen konnte, wenn man aus der DDR bis dahin vorgedrungen war. Bulgarische Grenzsoldaten schossen genauso auf Flüchtlinge wie ihre DDR-Kameraden an der innerdeutschen Grenze.

Über viele Jahre beherrschte das Wettrüsten zwischen der Sowjetunion und den USA das Militär und die dahinterstehende Politik. Der atomare Overkill wurde geschaffen, zu dem im Laufe der Jahrzehnte auch Großbritannien, Frankreich, China, Israel, Indien, Pakistan und Nordkorea beitrugen. In Europa zementierte die Abschreckungsstrategie die Blockgegensätze. Der Frieden im geteilten Europa fußte auf der gegenseitigen Bedrohung mit Atomwaffen. Viele der unterdrückten Menschen dachten dennoch darüber nach, wie sie Freiheit auch in Osteuropa erreichen konnten.

Im August 1980 gründeten Arbeiter in Polen die Gewerkschaft Solidarność. Das führte fast zu einer Volksbewegung, unterstützt von der in Polen mächtigen katholischen Kirche und indirekt vom polnischen Papst Johannes Paul II. Als Präsident Jaruzelski im Dezember 1981 das Kriegsrecht verhängte, um eine sowjetische Invasion, wie in der Tschechoslowakischen Republik 1968, zu verhindern, verschwanden führende Köpfe der Gewerkschaft in Gefängnissen oder gingen ins Exil, unter ihnen auch einige Kirchenmänner.

Das Land wurde in einem Maß abgeschottet, das man sich heute so gar nicht mehr vorstellen kann. Einreisen wurden erschwert, Telefone funktionierten nur ganz selten, als könne man auf diese Weise die „schädlichen Gedanken der Demokratie" von Polen fernhalten. Der Erfolg blieb aus. Unter dem polnischen Papst Johannes Paul II. verfügte die katholische Kirche über ausgezeichnete Verbindungen nicht nur in den Vatikan, sondern auch zum Beispiel nach Deutschland. Hatten doch gerade polnische und deutsche Bischöfe einen Versöhnungsprozess zwischen beiden Völkern begonnen, der an das vor, während und nach dem Zweiten Weltkrieg begangene Unrecht erinnern und gleichzeitig für ein Überwinden des Hasses und der Vorurteile übereinander sorgen sollte. Vier Teilungen Polens durch Deutschland und Russland, später die UdSSR in den Jahren 1772, 1793, 1795 und 1940 haben tiefes Misstrauen bei den polnischen Nachbarn hinterlassen.

Ich hatte das bereits in den 70er-Jahren erfahren, als der Diözesanausschuss der Erzdiözese Köln für Entwicklung und Frieden einen Besuch im Nachbarland Polen abstattete. Wir trafen auf eine lebendige katholische Kirche, in die sonntags sogar Parteimitglieder gingen, die sich ihren Glauben an Gott nicht nehmen lassen wollten. Sie verstanden sich dabei durchaus in einer katholischen Tradition der sozialen Gerechtigkeit, wenn sie wochentags wieder für und in der Polnischen Arbeiterpartei PVAP arbeiteten. Wir trafen damals aber auch Katholiken, die jegliche Zusammenarbeit mit der kommunistischen Partei ablehnten, die ihre eigenen Zeitungen mit hohen Auflagen herausgaben und den intellektuellen Diskurs des Landes mit prägten. Einer von ihnen war Wladyslaw Bartoszewski, der in Zeiten des Nationalsozialismus im Widerstand aktiv war. Dennoch suchte er das Gespräch mit den neuen Deutschen und baute Brücken der Versöhnung. Später, in der Demokratie, wurde Bartoszewski einer der bedeutendsten Politiker Polens, unter anderem als Außenminister, als Botschafter in Deutschland – damals noch in Bonn – sowie später in Wien am Sitz der Konferenz für Sicherheit und Zusammenarbeit in Europa (KSZE), wie die heutige Organisation OSZE damals noch hieß.

Diese Köpfe der polnischen Intelligenz in der ZNAK hatten zu dem Klima beigetragen, das die Solidarność-Gewerkschaft erst möglich machte. ZNAK bezeichnete eine Vereinigung katholischer Abgeordneter im polnischen Parlament, unter ihnen auch der spätere Ministerpräsident Tadeusz Mazowiecki. Sie gaben eine Monatszeitschrift unter gleichem Namen heraus. ZNAK bedeutet Zeichen. Einige ihrer Mitglieder waren auch Angehörige des Klubs der katholischen Intelligenz. Heute ist die ZNAK eine Wohltätigkeitsorganisation. Nur wenige Monate nach der Verhängung des Kriegsrechts machte sich eine Delegation der Deutschen Bischofskonferenz auf, die Bischöfe in Polen zu besuchen. Unter der Leitung des Vorsitzenden der Deutschen Bischofskonferenz, Joseph Kardinal Höffner, fuhren der Bischof von Essen, Franz Hengsbach, Freiburgs Erzbischof Oskar Saier, der deutsche Bischof für die Caritas im Vatikan, Paul-Werner Scheele, Münchens Weihbischof

Ernst Tewes sowie der Sekretär Josef Homeyer zu diesem außergewöhnlichen Besuch, begleitet von wenigen Journalisten, zunächst nach Warschau, dann nach Tschenstochau, nach Auschwitz und Krakau. Ich arbeitete 1982 beim Deutschlandfunk und hatte die Chance, als einziger Rundfunkjournalist mitfahren zu dürfen. Es war eine Reise, die Gegenwart und Vergangenheit der deutsch-polnischen Beziehungen im Schnellgang vor Augen führte. Nie vergessen werde ich, wie wir am zweiten Tag der Reise nach einem gemeinsamen Besuch deutscher und polnischer Bischöfe im Konzentrationslager Auschwitz von der nächstgrößeren Stadt dann versuchten, Berichte abzusetzen. Eigens für die westdeutschen Journalisten waren in einem Postamt der Stadt Telefonleitungen nach Westdeutschland freigeschaltet worden. Unter dem Kriegsrecht eigentlich ein Ding der Unmöglichkeit. Es war etwa 17.00 Uhr am späten Nachmittag, als wir die Post erreichten. Am Tag zuvor hatte keinerlei Möglichkeit bestanden, mit dem Sender in Köln zu kommunizieren. Generell hatte ich zwar angekündigt, dass die Möglichkeit bestehe, in der Zeit zwischen 17.00 und 18.00 Uhr einen Bericht durchzutelefonieren. Ich hatte einen fertigen Bericht abzuliefern. Schließlich erreichte ich den Schlussredakteur der Sendung „Informationen am Abend", die um 18.10 Uhr begann. Ich erzählte ihm in kurzen Worten, was Inhalt des Berichtes sein könne. Doch das Erste, was er antwortete war: „Wir haben die Sendung schon voll." Und außerdem ergänzte er, die Agenturen hätten gar nichts gemeldet. Nun erklärte ich ihm, das sei kein Wunder, von den Agenturkollegen sei keiner mit nach Auschwitz gefahren, die säßen alle in Warschau und würden erst zum Ende der Reise wieder tätig werden können. All das beeindruckte den Redakteur überhaupt nicht. Da hatte man wirklich eine exklusive Geschichte von politischer

Brisanz, und er war entweder nicht willens oder nicht in der Lage, deren Bedeutung zu erkennen. Nach zehn Minuten der fernmündlichen Seelenmassage gab ich entnervt auf, und der Beitrag dieses Tages, zum Durchtelefonieren fertig ausformuliert, erreichte nie die Hörer.

Der Besuch in Auschwitz hatte mich tief beeindruckt. Natürlich kannte ich die Geschichte des Holocaust, der Shoa, aus den unterschiedlichsten Blickwinkeln. Ich hatte Verschiedenstes darüber gelesen, Filme gesehen, Prozesse verfolgt. Aber mit den Bischöfen durch das Lager zu gehen und der Millionen Opfer deutscher Schergen zu gedenken – persönlich und gemeinsam im Gebet –, das war eines jener Schlüsselerlebnisse, die man nie vergisst. Eines jener Erlebnisse, durch die das „Nie wieder Krieg" der Nachkriegszeit, das auch mein Leben bestimmt, eine ganz neue, tiefe Bedeutung bekam.

Die Reise der deutschen Bischöfe zu ihren polnischen Kollegen trug am Ende nicht unwesentlich dazu bei, erste Breschen in die Isolation durch das Kriegsrecht zu schlagen. Schritt eins war ein Programm zur Förderung der privaten Landwirtschaft und des Kleingewerbes, das die deutschen Bischöfe in der Europäischen Gemeinschaft initiierten mit Hilfe von Bundeskanzler Schmidt und US-Präsident Reagan, der darin keine Verletzung der verhängten Sanktionen sah. Der Weg bis zur Unabhängigkeit war noch lang, aber in der unterdrückten Gewerkschaft Solidarność wuchs der Wille, die Verhältnisse zu verändern, wie sie bis dahin die Jahrzehnte überdauert hatten. 1988/89 mündete die Entwicklung in jenen runden Tisch, der schließlich Lech Walesa, den Anführer der Gewerkschaft aus Danzig, zum ersten frei gewählten Präsidenten Polens machte. Da begann der friedliche Wandel, zu dem die Kirche in Ost wie West beigetragen hatte.

Die Außenminister Henry Kissinger, USA, und Andreij Gromyko, Sowjetunion, hatten das SALT-II-Abkommen unter Einbeziehung von Mittelstreckenraketen verhandelt. SALT steht für Strategic Arms Limitation Talks, Gespräche zur Begrenzung strategischer Rüstung. Es wurde 1979 in Wien unterschrieben, scheiterte jedoch am Einspruch des US-Präsidenten Gerald Ford. Der Vertrag sah eine Obergrenze von 2500 Systemen vor. Obwohl er nicht ratifiziert worden war, hielten sich beide Seiten daran. Die öffentliche Meinung, ja die Propaganda beider Seiten, führte zu einer Situation, die zumindest im US-amerikanischen Parlament die Zustimmung zu Abrüstungsverträgen nicht einfacher gemacht hatte. In Zeiten des Kalten Krieges war es für die Abgeordneten in ihren amerikanischen Wahlkreisen leichter, sich als „harter Hund" zu zeigen, denn als jemand, der Kompromisse eingehen wollte mit jener Macht, die die Kernelemente der USA – Demokratie, Frieden und Freiheit – in den Jahrzehnten nach dem Zweiten Weltkrieg auf vielfache Weise so eklatant verletzte hatte.

Bundeskanzler Helmut Schmidt war einer der Ersten, den die auf sowjetischer Seite aufgestellten neuen SS-20-Raketen zur Forderung veranlassten, neue US-amerikanische Mittelstreckenraketen in Europa aufzustellen. Parallel dazu, aber erst nach Aufstellung sollte über eine neue Reduzierung verhandelt werden.

Dies alles führte 1979 zum NATO-Doppelbeschluss, der zur Überwindung einer Übermacht sowjetischer atomarer Mittelstreckenraketen mit einer Reichweite bis zu 5000 Kilometern (SS-20) den Aufbau neuer westlicher Mittelstreckenraketen in Europa enthielt. Pershings II mit einer Reichweite bis zu 1800 Kilometern und Cruise-Missiles mit einer Reichweite von 2400 Kilometern sollten stationiert werden. Gleichzeitig forderte der Vertrag Abrüstungsverhandlungen.

In Genf verhandelten die USA und die UdSSR über die Reduktion von Atomwaffen auf beiden Seiten. Paul Nitze, US-Unterhändler, und Juli Kwizinski loteten im Juli 1982 aus, was möglich sein könnte. Dies war ein schwieriges Unterfangen. Beiden Seiten misstrauten einander zutiefst. Kwizinski und Nitze erarbeiteten in Genf zwar 1982 einen Kompromissvorschlag für die Rüstungsbegrenzung und Abrüstung, doch nur drei Jahre nach dem Einmarsch der Sowjetunion in Afghanistan fand dieser Vorschlag weder in Washington noch in Moskau ein offenes Ohr.

Der neue amerikanische Präsident Ronald Reagan verschärfte die Forderungen und den Ton: Bei der Sowjetunion handele es sich um das „Reich des Bösen". Es gelte, die Sowjetunion „totzurüsten". Der Prozess der Aufrüstung mit Pershing-II-Raketen und Cruise-Missiles in Westeuropa lief also weiter. Das Scheitern der Abrüstungsgespräche von Genf allerdings und die Pläne zur Aufrüstung führten in mehr und mehr NATO-Mitgliedsstaaten zu Protesten gegen die Spirale des Wettrüstens, den „Wahnsinn des Wettrüstens", wie viele formulierten. Ab Dezember 1983 wurde stationiert.

Der Protest dagegen organisierte sich in Westdeutschland auf sehr breiter Basis, von katholischen Jugendgruppen bis zu kommunistischen Parteigängern. Ihr Ziel war, durch massiven öffentlichen Protest die politischen Beschlüsse zu stoppen, vor allem aber die Stationierung der atomaren Waffen in Westdeutschland zu verhindern. Wie man heute im Nachhinein, Jahre nach dem Fall der Mauer und der Öffnung der Archive der Staatssicherheit, weiß, waren jene Proteste in Teilen von Geheimdiensten des Ostens gesteuert. In den Jahren 1981, 1982 und 1983 mobilisierte diese Friedensbewegung in Deutschland und europaweit Hunderttausende, gar Millionen, die sich zu einem Protest formierten, wie ihn die

Bundesrepublik und Westeuropa bis dahin noch nicht gesehen hatten.

Weihnachten 1979 begann ich meine Tätigkeit beim Deutschlandfunk in Köln im dortigen Morgenmagazin, genannt „Informationen am Morgen", zunächst als freier Mitarbeiter. Der Deutschlandfunk war 1962 gegründet worden, um den Menschen in der DDR ein umfassendes Bild Deutschlands zu vermitteln. Damals begann man mit Sendefrequenzen wie Mittelwelle und Langwelle und wenigen UKW-Stationen wie zum Beispiel in Köln/Bonn und in Berlin. So erreichten wir mit unseren Sendungen die Menschen bis in den hintersten Winkel der DDR, und das bedeutete bis nach Dresden. Dresden wurde gemeinhin in der DDR das „Tal der Ahnungslosen" genannt, weil dort keinerlei Westfernsehen zu empfangen war. Ab Sommer 1981 hatte ich dann das Vergnügen, als Moderator der Morgensendung selbst vors Mikrofon zu dürfen. Zu einer Zeit, als der Journalismus noch langsamer als heute war. Das belegt zum Beispiel eine Sendung vom August 1981. Am Vortag war bekannt geworden, dass Ronald Reagan ernsthaft darüber nachdachte, die Neutronenbombe bauen zu lassen und auch in Europa zu stationieren. Diese Bombe zeichnete sich nach Ansicht der Experten dadurch aus, dass sie zwar die Menschen tötete, aber die vorhandene Infrastruktur wesentlich weniger zerstörte als eine herkömmliche Wasserstoffbombe. Pervers die Denke, die dahinterstand. Als die ersten Agenturmeldungen in dieser Richtung kamen, beschlossen wir, dies zum Schwerpunktthema der Sendung des nächsten Morgens zu machen.

Gewonnen wurde als Interviewpartner Egon Bahr. Er geißelte die Überlegungen der US-Regierung als „Symbol der Perversion menschlichen Denkens" und lehnte jegliche Produktion und Stationierung völlig ab. Das Interview jenes Morgens konnte man am nächsten Tag auf Seite 3 der Zeitung „Die Welt" nachlesen. In Zeiten des Internets, von Twitter und vielfältiger anderer sozialer Medien wäre das heute so nicht mehr möglich. Der Vorteil der frühen 80er-Jahre war, dass man Themen wirklich noch in Ruhe durchdenken konnte, bevor man sie ins Programm hob. Auch die Politiker konnten sich wirklich mit der Sache auseinandersetzen und mussten nicht aus dem Stand zu einer neuen Entwicklung Stellung beziehen, zu der sie im Grunde nicht viel mehr wussten als die Schlagzeilen der Agentur. Bisweilen befällt einen heute das Gefühl, die Politiker könnten in Zeiten von Instagram und Livestreaming überhaupt nicht mehr „Nein" sagen, wenn sie eine Frage gestellt bekommen. Und dabei müssten sie vielleicht öfters sagen: „Lassen Sie mich doch bitte mal die Fakten wirklich analysieren, und dann antworte ich gerne auf Ihre Frage, aber jetzt nicht." Im Instant Speech der heutigen Zeit geht dann manches schief.

Wesentlicher Punkt des Deutschlandfunks war es, die „Brüder und Schwestern in der DDR", wie man damals sagte, zu informieren, so objektiv wie möglich und so umfassend wie möglich. Ich hatte als in Düsseldorf Geborener leider keine Verwandten in Ostdeutschland, sodass ich keine eigene Anschauung hatte vom Leben in der DDR außer der medial vermittelten. So beschloss ich nach zwei Jahren im DLF, auf eigene Faust zu erkunden, wie der Alltag in der DDR wohl aussah. Eine der einfachsten Möglichkeiten damals war: Man fuhr mit dem Auto von Westberlin nach Ostberlin ins Hotel Metropol, unmittelbar neben dem Bahnhof Friedrichstraße, ging dort zu einem speziellen Visaschalter, wo man für verhältnismäßig viel Geld binnen drei Stunden eine Reise

durch die DDR inklusive des Visums und der Hotel-
übernachtung buchen konnte und los ging die Fahrt.
Mir war bereits vor der Reise klar, alleine, die Reise so zu
buchen wäre blödsinnig. Nur aufs Geratewohl herumzu-
fahren werde nichts bringen. Aufgrund meiner vielfältigen Kirchenkontakte sowohl in die katholische wie auch
in die evangelische Kirche war die Idee geboren, eine
solche Reise auf der Kirchenschiene mit zu organisieren.
So ergab sich über den Kaplan des Kölner Kardinals,
Manfred Melzer, ein Kontakt zu dessen einstigem Kollegen beim Bischof von Dresden, Pfarrer Bernhard Dittrich an der Domkirche zu Dresden. Also legte ich meine Reise so, dass sie in Dresden begann. Auf verlässli-
chen Wegen war ich angekündigt. In Berlin fuhr ich an
einem Samstag los und erreichte Dresden bewusst so,
dass ich gegen Ende der Beichtzeit in der Kirche auf-
kreuzen konnte. Schnell war der Beichtstuhl des Dom-
pfarrers gefunden. Ich setzte mich davor auf die Bank,
sah aber, dass noch etliche Gläubige dort beteten und
darauf warteten, dass sie an die Reihe kämen. Pfarrer
Dittrich fiel sogar zwischenzeitlich auf, dass sich vor
seinem Beichtstuhl ein Wessi aufhielt, der nicht weg-
ging, aber auch nicht zum Beichten da zu sein schien,
also kam er heraus und fragte, was ich denn wolle. Als
ich sagen konnte, Pfarrer Melzer aus Köln habe mich
geschickt, war klar, ich wurde erwartet. Er bat mich um
ein wenig Geduld. Dann gingen wir zu ihm nach Hause,
ca. zehn Fußminuten entfernt vom Dom in einem jener
Pfarrhäuser, die das Bonifatiuswerk in der DDR mitfi-
nanziert hatte. Westgeld für Ostgemeinden. Diese erste
Begegnung war eine der ganz besonderen Art: Seine
Mutter führte ihm den Haushalt, sein Bruder Michael,
ebenfalls Priester, war erschienen und der Kaplan der
Gemeinde, Gottfried Swoboda. Zu meinem größten Er-
staunen kannten die Dame und die Herren meine Stim-

me, denn sie waren wirklich regelmäßige Deutschland-funkhörer. Damit hatte ich nun wirklich nicht gerechnet. Dass wir gehört wurden, war mir zwar bekannt, weil besonders die Kollegen im Westberliner Studio immer wieder über Reaktionen von DDR-Hörern berichteten, die sie auf vielfältige Weise erreichten. Aber so unmittelbar konfrontiert zu werden mit Hörern, die wirklich fast jeden Morgen zuhörten, war schon beeindruckend. Und nie werde ich vergessen, wie die Mutter des Pfarrers fast zur Begrüßung sagte: „Die deutsche Einheit wird kommen, da habe ich gar keinen Zweifel; ob ich sie noch erlebe, weiß ich nicht, aber sie ist nicht aufzuhalten. Wann denken Sie denn, dass sie kommt?" Das war eine Überzeugung, die ich in der Klarheit lange nirgendwo angetroffen hatte. Und ich konnte den Optimismus im Grunde gar nicht teilen. Nach meiner Wahrnehmung war der Ost-West-Konflikt im Grunde so festgefahren, dass niemand mit einer schnellen und friedlichen Lösung rechnete. Die Niederschlagung des Prager Frühlings war ja noch nicht so lange her, die Ausrufung des Kriegsrechts in Polen noch kürzer. Woher dieser Optimismus? Hier im hintersten Winkel der DDR hatten die Menschen nie aufgegeben, zu hoffen, dass die deutsche Teilung nur eine vorübergehende Sache sein werde, auch wenn sie schon fast 40 Jahre dauerte.

Von da an bereiste ich die DDR halbjährlich, um den Alltag dort besser kennenzulernen. Einmal traf ich auf einem Spaziergang in Erfurt den SED-Bezirkschef Gerhard Müller und stellte mich ihm als Besucher vor. Er war irritiert, vor allem als ich ihn fragte, ob man sich einmal in Ruhe unterhalten könne. Dazu kam es leider nie.

Ich lernte Günter Müller in Weimar kennen, den Vorsitzenden der Ost-CDU in dem Bezirk. Er wollte Veränderungen und stieß an Grenzen. Nach dem Mauerfall wurde er Landtagspräsident im neuen Land Thüringen. In Rostock traf ich den protestantischen Pfarrer Joachim Gauck, der seine Kirche schon 1988 weit geöffnet hatte für Menschen, die mit dem System nicht zurechtkamen. Er selbst litt darunter, dass zwei seiner Kinder in den Westen gegangen waren. Nach dem Mauerfall engagierte er sich in der Politik und wurde der erste Chef der Stasi-Aufarbeitung in Berlin. Heute kann er besonders überzeugend von der Freiheit sprechen, die er so lange entbehren musste.

Pfarrer Dittrich bemühte sich auch um den Frieden zwischen den Konfessionen. Durch seine Promotion zum Ökumene-Experten geworden, war er der katholische führende Kopf in der Ökumene der südlichen DDR. Dittrich reüssierte zum Regens des einzigen Priesterseminars der DDR in Erfurt und versuchte, den Ökumene-Gedanken weiter voranzutreiben. In der überwiegend säkularisierten DDR kein einfaches Unterfangen. Dies kam meiner Intention der Erkundung unseres östlichen Nachbarn sehr entgegen, kannte er doch viele führende protestantische Menschen. Auch zu ihnen konnte ich so einfacher Kontakte knüpfen, als es als normaler Tourist möglich gewesen wäre. Immer wieder als persönlicher Gast des Regens war es verhältnismäßig einfach, über die streng bewachte Grenze zu fahren. Zwar wurde mir da schon mal ein Buch abgenommen, das den aus DDR-Sicht verdächtigen Titel „Christentum und Marxismus" trug, aber solche Ereignisse trafen damals viele Menschen. Nach obligatorischer Anmeldung im Rathaus machte ich dann auch schon mal die Erfahrung, dass die Stasi um ein Gespräch bat und wissen wollte, warum ich so regelmäßig in die DDR fahre. Aber das alles waren Petitessen, kleine Sticheleien, die weitaufgewogen wurden durch die Möglichkeit, ungeschminkt privat die Situation einschätzen zu lernen durch die Begegnungen mit sehr vielen Menschen im damaligen „Arbeiter- und Bauernstaat".

Das Priesterseminar in Erfurt war dann auch einmal Zeuge der vorsichtigen Annäherung zwischen Ost und West. Bundeskanzler Kohl kam 1988 auf einer als „Privatbesuch" deklarierten Reise in die DDR dorthin. Angesichts der Baufälligkeit des Gebäudes, insbesondere des Daches, versprach er Abhilfe. Dieses Ereignis wurde mir bei meinem nächsten Besuch stolz erzählt, ein halbes Jahr war ins Land gegangen, passiert war noch nichts. Zurück in Köln, suchte ich Kontakt zum Regierungssprecher Friedhelm Ost. Der nahm die Erinnerung auf, und das Dach konnte repariert werden.

Helmut Kohl, CDU, hatte am 1. Oktober 1982 das wichtigste Ziel seines politischen Lebens erreicht: Er stürzte mit einem konstruktiven Misstrauensvotum Kanzler Helmut Schmidt, SPD. Die Freien Demokraten unter Hans-Dietrich Genscher und Otto Graf Lambsdorff hatten die Seite gewechselt. Es gab dafür zwei Gründe: die Nachrüstungsdebatte, die die SPD zu zerreißen drohte und bei der Bundeskanzler Schmidt damit rechnen musste, keine eigene Mehrheit im Bundestag zu haben, insbesondere nicht in seiner eigenen Partei. Der zweite Grund war die Wirtschaftspolitik, die zumindest für die FDP eine entscheidende Rolle spielte. Auch hier drohten linke Sozialdemokraten, ihren Kanzler im Regen stehen zu lassen.

Kohl kam unter anderem mit dem Versprechen ins Amt, die in der NATO beschlossene Nachrüstung mit Pershing-Raketen und Cruise-Missiles gegen die sowjetischen SS-20-Raketen wirklich durchzusetzen. Helmut Schmidt war es zuletzt immer schwerer gefallen, gegen die Widerstände in der eigenen Partei in einer Sache

Kurs zu halten, die er selbst angestoßen hatte. Kohl dagegen war entschlossen, die Stationierung durchzusetzen. Die Freien Demokraten unter Hans-Dietrich Genscher teilten Helmut Kohls Entscheidung. Die vermeintliche Logik der Abschreckung sollte die Sowjetunion in die Knie oder zumindest zu weiteren Abrüstungsschritten zwingen. Im Rückblick muss man anerkennen, dass diese Rechnung aufgegangen ist. Denn nicht nur der frühere Staatschef der Sowjetunion und letzte Parteivorsitzende der KPdSU, Michail Gorbatschow, gab hinterher zu, dass die NATO-Aufrüstung im Politbüro seiner Partei schließlich zur Einschätzung führte, man werde sich der Entwicklung nicht wirklich machtvoll entgegenstellen können. Weder Militär noch Industrie hätten sich in der Lage gesehen, dem Programm des Westens eigene Kraft und Stärke entgegenzusetzen.

Zweifellos war Helmut Kohl zutiefst dem Frieden und der Aussöhnung verpflichtet. Seine Frau war als Flüchtling aus dem Osten in den Westen gekommen. Er hatte einen Bruder im Zweiten Weltkrieg verloren. Er war selbst zu jung, geboren 1930, um zum Militär zu müssen. Als Politiker war er durchaus bauchgesteuert, er wollte wissen, was sein Wahlvolk umtrieb. Zeitzeugen, die damals für ihn arbeiteten, berichten, er habe sich mit einem Hubschrauber über die Bonner Hofgartenwiese fliegen lassen und sei zutiefst beeindruckt gewesen von der Zahl der Demonstranten. Kurzzeitig soll er später sogar doch erwogen haben, das Ruder in Sachen Stationierung herumzuwerfen. Schließlich hatte er versprochen, sich im Jahr 1983 Neuwahlen zu stellen. Die Gegner des NATO-Doppelbeschlusses waren auch großteils seine Gegner. Kohl gewann den Eindruck, dass der Unmut und die Zweifel in der Bevölkerung größer waren, als er vermutet hatte.

So soll Kohl sogar einen Brief an Ronald Reagan entworfen haben, man möge doch in Washington die Stationierung noch einmal überdenken. Es wird erzählt: Horst Teltschik, damals außenpolitischer Berater des Bundeskanzlers, befand sich auf Dienstreise. Seine Mitarbeiter hatten das Gefühl, dieser Brief dürfe das Kanzleramt nicht verlassen, und bemühten sich, den Chef auf dem Münchener Flughafen ausfindig zu machen. Es war noch eine Zeit ohne Handy und ohne jederzeitige Verfügbarkeit aller Politiker und Spitzenbeamten. Sie schafften es, Teltschik ans Telefon zu bekommen. Er telefonierte anschließend mit seinem Chef, dem Bundeskanzler, und es gelang ihm, diesen Brief wieder zu stoppen.

Was wäre wohl wirklich geschehen, wenn der Brief den amerikanischen Präsidenten erreicht hätte?

Horst Teltschik, heute noch einmal dazu gefragt, räumt ein, dass Kohl solche Gedanken gehabt haben möge. Aber es war aus Teltschiks Sicht klar, dass Deutschland zu seinen Zusagen stehen musste. Unter dem Eindruck der Proteste hatte es zwar im September 1983 vor der Stationierung noch einmal einen Kompromissvorschlag der Amerikaner an die Sowjetunion gegeben. Aber dieser Brief traf in Moskau auf einen bereits todkranken Generalsekretär Andropow, der nicht mehr darauf reagierte.

US-Präsident Reagan verschärfte im Frühjahr 1983 das Klima durch die Initiative für die „Strategic Defense Initiative" SDI, häufig auch spöttisch „Star-Wars-Initiative" genannt. Seine Idee war, die gegenseitige Vernichtung durch die Zerstörung anfliegender Atomraketen zu verhindern. Physikalisch hochumstritten, denn die Reaktionszeit auf von der Gegenseite abgeschossene Atomraketen der Interkontinentalkategorie ließ nur wenig Zeit zum Abschuss im Weltraum, und nur dort hätte die Vernichtung Sinn gemacht, um den radioaktiven Fallout solcher

Raketen außerhalb der Erdatmosphäre zu gewährleisten. Das Projekt wurde nie realisiert, weil sich ein solches weltumspannendes Raketen-Abwehrsystem mit weltraumgestützter Logistik, was die Erkennung und den Abschuss angeht, bis heute technisch nicht herstellen lässt. In veränderter, kleinerer Form wurde es dann zu einem Schutz von Krisen- und Kriegsgebieten entwickelt. Zum Beispiel der israelische „Dome" gegen den Raketenbeschuss durch die Hamas aus dem Gazastreifen beruht auf den Forschungen jener Zeit. Ein kleiner Beitrag also immerhin, Frieden zu sichern.

Im Grunde war es eine irrwitzige Vorstellung damals, Atomraketen im Weltraum mit Antiraketen zu zerstören und damit in die Lage zu kommen, nach einem atomaren Angriff mit einem atomaren Gegenangriff die wesentlichen Ziele des Gegners ausschalten zu können. Diese Pläne des US-Präsidenten schickten eine zweite Schockwelle durch Europa. Denn der Westen Europas vertraute ja einerseits auf den atomaren Schutzschirm der USA, wenn es um die gegenseitige Abschreckung zwischen Ost und West ging. Andererseits fürchteten viele, die Abschreckung könne einmal versagen. In der Logik vieler Militärexperten bildete in Zeiten des Kalten Krieges die gegenseitige Abschreckung die Garantie für die Unmöglichkeit eines 3. Weltkrieges. Nach den Erfahrungen von Hiroshima und Nagasaki wäre ein solcher Weltkrieg unter Einsatz atomarer Waffen zu einer kaum vorstellbaren Katastrophe geworden.

Horst Teltschik, der außenpolitische Berater Helmut Kohls, hat ebenso wie sein Chef seine außenpolitische Strategie und die Beratung immer danach ausgerichtet, bewaffnete Konflikte möglichst zu vermeiden. Teltschik, Jahrgang 1940, war am Ende des Zweiten

Weltkrieges als Kind mit seinen Eltern aus dem Sudetenland vertrieben worden und nach Bayern gekommen. Der Katholik, der sich in seiner Jugend im Bund Neudeutschland und in der Ackermann-Jugend engagierte, hatte drei Maximen: nie wieder Krieg, nie wieder Faschismus und nie wieder Kommunismus.

Bis heute leiten ihn diese Grundsätze. Prägend war für ihn auch die Kuba-Krise 1961. Die Sowjetunion plante damals, auf der von Fidel Castro beherrschten Insel Raketen zu installieren, die ohne größere Probleme die USA in ihrer ganzen Breite hätten erreichen können. Der junge Präsident John F. Kennedy sah dies als einen Versuch an, das Gleichgewicht des Schreckens zu Ungunsten der USA zu verändern. Er versetzte die US-amerikanischen Streitkräfte in Gefechtsbereitschaft und drohte, in Kuba einzumarschieren, um die Stationierung der Raketen zu verhindern.

Dies löste weltweit Vorkriegsstimmung aus: Horst Teltschik war davon als Bundeswehrsoldat auf Zeit betroffen. Über Weihnachten 1961 sah sich der junge Offizier auf einmal mit seinem Panzerbataillon gefechtsbereit im Bereitstellungsraum des bekannten Fulda Gap liegen. Denn man fürchtete, falls die Amerikaner in Kuba angriffen, könnte die Sowjetunion ihrerseits auch in Westdeutschland einmarschieren. Mit Fulda Gap bezeichneten die Militärplaner jenen Teil Deutschlands in der Höhe Fuldas, wo sowjetische und DDR-Panzer geografisch am leichtesten hätten in den Westen eindringen können, wenn sie gewollt hätten. Deshalb stationierte man dort massenhaft Soldaten und Kriegsgerät. In letzter Minute lenkte der damalige Chef der KPdSU (Kommunistische Partei der Sowjetunion) und Staatschef der Sowjetunion, Nikita Chruschtschow, ein. Die Raketen, die teils bereits auf Kuba stationiert waren, teils auf Schiffen nach Kuba unterwegs waren, wurden wieder abgezogen in Richtung Sowjetunion. Der Konflikt wurde beigelegt, keine Raketen vor der Küste der USA, dafür mussten die USA ein paar Raketen aus der Türkei abziehen, die dort nahe zur sowjetischen Grenze stationiert waren. Und die deutschen Soldaten konnten zurück in ihre Kasernen. Bis heute erinnert sich Horst Teltschik daran, wie brisant damals die Lage eingeschätzt wurde.

Teltschik erhielt seine politische Prägung durch sein Studium der Politik in Berlin. Die Stadt war damals bereits durch die Mauer geteilt. Einer seiner Lehrer war Richard Löwenthal, bekannt auch als Berater von Willy Brandt, ein anderer Roman Herzog. Teltschik lernte damals auch die Linke kennen. „Ich habe mal eine Seminararbeit von Rudi Dutschke vorkorrigiert", berichtete er mir. Von Berlin aus kam er 1969 ins Bonner Konrad-Adenauer-Haus, die CDU-Parteizentrale, und wurde Leiter der Abteilung für Außen- und Deutschlandpolitik. Von dort holte ihn der damalige Ministerpräsident von Rheinland-Pfalz, Helmut Kohl, nach Mainz, ebenfalls als außenpolitischen Berater.

Zunächst irritierte Teltschik ein wenig die Ansiedlung bei einem Länderministerpräsidenten. Seine erste Aufgabe war, Helmut Kohl in der Außenpolitik sattelfest zu machen. Es entwickelte sich eine sehr fruchtbare Zusammenarbeit. Teltschik hebt gerne hervor, dass Kohl damals für viele junge Unionsmitglieder die Reformhoffnung der Partei war. Kohl hatte in Rheinland-Pfalz die Konfessionsschule abgeschafft, die Verwaltung reformiert, als Ministerpräsident den Ostverträgen Willy Brandts im Bundesrat zugestimmt und die Union dort auf die neue Linie eingeschworen, bei aller Kritik an den Ostverträgen. Als Kohl nach Bonn ging, zog Teltschik ebenfalls von Mainz nach Bonn, auch als der Parteivorsitzende dort zunächst Oppositionsführer wurde.

Schon in Oppositionszeiten organisierte Teltschik

Kontakte nach Osteuropa und in die damalige Sowjetunion. Er wusste: Auf der einen Seite musste deutsche Politik immer im Verbund mit der NATO und in enger Zusammenarbeit mit den USA laufen, auf der anderen Seite war die Einbettung in die EG, später EU, in enger Kooperation zu Frankreich entscheidend. Dennoch durfte der Gesprächsfaden nach Osten nicht abreißen. Laut Teltschik war Kohl wohl außenpolitisch einer der bestvorbereiteten Kanzler, die Deutschland bisher hatte.

So wie Helmut Kohl um die Positionierung in der Stationierungsfrage kämpfte, ließ das Thema niemanden kalt. Das bestätigt auch ein Erlebnis beim Deutschlandfunk. Jeden Morgen um 9.30 fand dort die Redaktionskonferenz statt. Unter Leitung des Chefredakteurs Bernhard Wördehoff, SPD-nah, trug Redaktion für Redaktion vor. Schließlich wurde hier jeden Freitag das Wochenendprogramm vorbestimmt. Dabei sagte das Studio in Bonn gar nichts über eine wie auch immer geartete Berichterstattung über die geplante Antinachrüstungsdemonstration in Bonn. Deswegen wagte ich als Moderator der Morgensendung noch kurz in der Redaktion zu fragen: „Und wie berichten wir über die Antinachrüstungsdemo in Bonn?" Der durchaus liberale Chefredakteur, gebürtiger Hamburger, raunzte mich an: „Denken Sie etwa, die Politik wird auf der Straße gemacht?" Darauf antwortete ich: „Ein bisschen vielleicht." Die anschließende Diskussion führte auf jeden Fall dazu, dass zwei Kölner Kollegen aus dem Mutterhaus nach Bonn abkommandiert wurden, um gegebenenfalls über die Demonstration im laufenden Programm des Wochenendes zu berichten. Die Bonner Kollegen sahen sich dazu leider nicht in der Lage. Klar, es traf auch mich, worüber ich durchaus froh war. Von Katholiken- und

Kirchentagen kannte ich Massenveranstaltungen durchaus. Aber was da in Bonn sehr organisiert und gesittet abging, das hatte ich noch nie erlebt. Aus dem ganzen Bundesgebiet waren junge und alte Menschen angereist, um ihrer Angst, ihrem Zorn Luft zu machen. Die geballte Präsenz so vieler sollte den Regierenden zeigen, dass das „Nie wieder Krieg" aus der unmittelbaren Nachkriegszeit Deutschlands für viele Menschen immer noch galt und sicher auch bis heute gilt.

Zwar beschloss der Bundestag am Ende mit Mehrheit die Stationierung, aber auch bei Befürwortern blieben Zweifel, ob Aufrüstung der richtige Weg zum Erhalt des Friedens war. Die Treue zu den USA als dem eigentlichen Garanten der Freiheit der West-Deutschen und West-Berlins überwog alle Bedenken. Noch einmal mobilisierte die Friedensbewegung vor Mutlangen und anderen Stationierungsorten der Pershing-II-Raketen. Angeführt von Menschen wie dem Literaturnobelpreisträger Heinrich Böll, assistiert von vielen anderen Prominenten, versuchten sie gewaltfrei, die sich abzeichnenden militärischen Realitäten in letzter Sekunde zu verhindern. Ohne Erfolg letztlich.

Und mit gehörigem Abstand zu jener Zeit 1983 sagen heute Menschen – auch unter Berufung auf sowjetische Zeitzeugen –, diese Stationierung habe zum weiteren Zerfall der Sowjetunion beigetragen. So kam es nach dem Wechsel zu Michail Gorbatschow in Moskau schließlich doch zu einem neuen Abrüstungsvertrag: zum INF-Vertrag (Intermediate-range Nuclear Forces Treatment/Mittelstreckenraketen), der im Sommer 1988 in Kraft trat und die USA verpflichtete, 846 Flugkörper mit Reichweiten zwischen 500 und 5000 Kilometern zu vernichten, die Sowjets mussten 1846 dieser bodengestützten Raketen vernichten. Erstmals gab es in diesem Vertrag eine Zustimmung zu asymmetrischer Abrüstung. Das war noch keine friedliche Welt, aber ein kleines Stück war man ihr damals näher gekommen. Wann wird man wirklich mal dort ankommen?

Mitten hinein in die Debatte um Nachrüstungsbeschluss und Aufstellung der entsprechenden Waffen in Westdeutschland kam am 18. April 1983 die Deutsche Bischofskonferenz mit ihrem Hirtenwort: „Gerechtigkeit schafft Frieden".

Ihr damaliger Vorsitzender Joseph Kardinal Höffner stellte die Gedanken der Öffentlichkeit in einer vielbesuchten Pressekonferenz vor. Hatte die Kirche in der Vergangenheit die Lehre vom „gerechten Krieg" vertreten, so hatte sich seit Ende des Zweiten Weltkrieges und nach dem Einsatz der ersten Atombomben durch die USA in Japan die Einstellung nach und nach gewandelt. Angesichts der Zerstörungskraft der Atombomben und der gegenseitigen Abschreckung, die ja nicht umsonst „Gleichgewicht des Schreckens" genannt wurde, könne man im Lichte des Glaubens nur darauf dringen, immer weitere Schritte zu unternehmen, um zwischenstaatliche Konflikte ohne Gewalt zu lösen.

So heißt es wörtlich in dem Papier: „Heute ist der Krieg weniger denn je ein Mittel, um politische Ziele zu erreichen. Denn niemals sind die Folgen des Krieges so offenbar gewesen, und niemals war so klar, dass jeder mögliche Gewinn in keinem Verhältnis zu den Opfern stehen würde." Und noch stärker heißt es, gegen die atomare Abschreckung gerichtet: „Nukleare Abschreckung ist auf Dauer kein verlässliches Instrument der Kriegsverhütung."

Zwar wollte man nicht so weit gehen, den Krieg total zu verbieten, aber man schränkte mit diesem Wort doch die Möglichkeit auf allenfalls nötige Verteidigung ein.

Im Lichte päpstlicher Erklärungen seit dem Ersten Weltkrieg orientierte sich dieses Papier unter anderem an dem Satz von Papst Paul VI.: „Entwicklung ist der neue Name für Gerechtigkeit." Bereits 1963 hatte Papst Johannes XXIII. in seiner Enzyklika „Pacem in terris" die Abschaffung der Atomwaffen gefordert. In der aufgeheizten Diskussion der Jahre 1982 und 1983 hatte man ein Wort der katholischen Kirche in dieser Klarheit nicht erwartet, das vor allem gegen den Einsatz von Massenvernichtungswaffen so eindeutig Stellung bezog.

Zwar machte Kardinal Höffner klar, dass am Ende die Politik entscheiden müsse, was zu tun sei, und die Kirche sich nicht anmaße, über Patentrezepte für ein friedliches Zusammenleben zu verfügen. Insgesamt dringt dieses Hirtenwort jedoch darauf, Frieden gewaltfrei zu erreichen, Konflikte ohne Gewalt zu lösen und soziale Ungerechtigkeit zu beseitigen.

Diese Ungerechtigkeit sei häufige Ursache für Auseinandersetzungen und Kriege zwischen Staaten, Bevölkerungsgruppen etc. Die gelte es zu bekämpfen, vor allem in den Ländern der Dritten Welt.

Joseph Höffner wurde 1906 in Hohrhausen im Westerwald in eine kinderreiche Bauernfamilie geboren. Er studierte Theologie, Philosophie, Volkswirtschaftslehre und Soziologie und schloss die Studien mit drei Promotionen ab. Sein Thema war die soziale Ungleichheit. Schon als Professor beriet er verschiedene Ministerien beim Aufbau der sozialen Marktwirtschaft im Nachkriegswestdeutschland. Dennoch: In den Augen vieler Katholiken war es ein Schock, als der Kölner Kardinal 1976 Nachfolger des Münchener Kardinals Döpfner als Vorsitzender der Deutschen Bischofskonferenz wurde. Er hatte sich bisher mit großer Energie für traditionelle „katholische Themen" wie Abtreibungsverbot, für Beibehaltung des Zölibats, kein Pardon für wiederverheiratete Geschiedene starkgemacht. Umso mehr verwunderte, dass in der polarisierten Stimmung des Jahres 1983 in der Debatte um die NATO-Nachrüstung solch eindeutige Worte von ihm kamen.

Der Sozialwissenschaftler Höffner entzieht sich jeder Kategorisierung. Er hat zum Beispiel erheblich dazu beigetragen, dass aus dem Krakauer Kardinal Karol Woytila Papst Johannes Paul II. wurde. Dies war zweifellos für die friedliche Veränderung in Polen von großer Bedeutung, die wiederum eine Voraussetzung für die deutsche Einheit war.

Mancher Aspekt des Lebens Kardinal Höffners erschloss sich erst Jahre nach seinem Tod im Jahr 1987: 2003 erhob das Jerusalemer Zentrum Yad Vashem ihn und seine Schwester zu den „Gerechten unter den Völkern". Beide hatten ab 1943 bis zum Ende des Nationalsozialismus und des Krieges ein junges jüdisches Mädchen versteckt und sechs Monate eine jüdische Dame mit ihrem evangelischen Ehemann im elterlichen Haus im Westerwald verborgen. Höffner hatte zu Lebzeiten nie Aufhebens darum gemacht.

Symbolträchtigstes Bild der deutsch-französischen Kooperation war die gemeinsame Erinnerung von Helmut Kohl und François Mitterrand an die Opfer der Weltkriege in Verdun am 22. September 1984. Als Zeichen der Versöhnung ergriff Mitterrand plötzlich die Hand Kohls. Über alle kulturellen und parteipolitischen Grenzen hinweg signalisierte der französische Sozialist Mitterrand so die Versöhnungsbereitschaft mit dem deutschen Konservativen Kohl in Verdun über den Schlachtfeldern des Ersten Weltkrieges, wo etwa eine halbe Million Menschen gestorben waren.

Neben vielen anderen Ereignissen aus der Kohl-Ära

blieb mir ein zweites Ereignis in Erinnerung: der gemeinsame Besuch von Ronald Reagan und Helmut Kohl
auf dem Soldatenfriedhof von Bitburg am 5. Mai 1985.
Im Vorfeld dieses Besuches gab es heftige Diskussionen,
als man entdeckte, dass dort auch SS-Leute begraben
sind. Aber, so Horst Teltschik, es gibt keinen Soldatenfriedhof in Deutschland, auf dem Amerikaner und
Deutsche gemeinsam bestattet sind, und es gibt keinen
Soldatenfriedhof, auf dem nicht SS-Männer begraben
sind. Als die Wogen der Empörung hochgingen, bot
Kohl dem US-Präsidenten an, diesen Programmpunkt
zu streichen, doch Reagan blieb dabei – selbst gegen den
Rat eigener Berater, und ergänzte schließlich noch einen
Besuch im KZ Bergen-Belsen. Das alles fand statt zur
Zeit meines Deutschlandfunk-Engagements. Ich erinnere mich noch eines sehr kontroversen Interviews mit
dem damaligen Staatsminister im Auswärtigen Amt,
Alois Mertes, einem Katholiken mit Wahlkreis Bitburg,
Eifel. Er verteidigte mit Vehemenz die Entscheidung
gegen alle Kritik. Ich konfrontierte ihn mit aller Kritik,
die es von Historikern und politischen Gegnern an diesem Vorhaben gab. Sehr viel später musste ich durch
seine Söhne erfahren, dass ihn diese ganze Auseinandersetzung persönlich sehr mitgenommen hat und sogar
Gesprächsthema im Hause Mertes gewesen war.

Teltschik, der bei den Verhandlungen um die deutsche
Einheit in Gesprächen mit der Sowjetunion unter Michail Gorbatschow viele Steine aus dem Weg geräumt
hatte, ist bis heute ein engagierter Außenpolitiker, der
sich immer wieder zu Wort meldet. In jüngster Zeit ist
er angesichts der Krim-Annexion und der Ukraine-Krise
sehr besorgt darüber, dass man das Verhältnis zu Russland vollends zerstört. Sanktionen seien kein guter Weg,
die Differenzen zu beseitigen. Man müsse immer wieder
das Gespräch suchen, nach friedlichen Lösungen und

Kompromissen suchen. „Es ist leicht, Brücken einzurei-
ßen, aber es dauert wieder, sie aufzubauen. Und wir
reißen im Moment Brücken ein." In diesem Zusammenhang erinnert er an Willy Brandt, der 1968 nach der
Niederschlagung des Prager Frühlings mit den Gesprächen begann, die schließlich zur Konferenz für Sicherheit und Zusammenarbeit in Europa und 1975 zur
Schlussakte von Helsinki führten.

Und noch eins gibt Teltschik mir mit auf den Weg:
Frieden, Demokratie und Freiheit sind nicht kostenlos
zu haben.

Wer einmal wie ich die Möglichkeit hatte, die amerikanischen Interkontinentalraketen „Minute-
man" in der Einöde von Wyoming in ihren tiefen Erd-
bunkern zu besichtigen, der hat eine grobe Ahnung davon, mit welch rasender Geschwindigkeit diese Raketen
ihre todbringende Fracht binnen weniger Minuten ins
Ziel tragen können. In weniger als einer halben Stunde
können sie Moskau oder eine andere sowjetische Region
erreichen. Tief in der Erde verbunkert, ragen die ca. 20
Meter hohen Raketen auf. Mehrfach gesicherte Operati-
onsräume sind Tag und Nacht besetzt. Jeweils zwei Offiziere können nur gemeinsam den Startvorgang auslösen,
wenn sie zuvor einen entsprechenden Befehl bekommen
haben. Bis heute können diese Atomwaffen die dauer-
hafte Vernichtung allen Lebens auf Jahrzehnte und
Jahrhunderte anrichten. Deshalb gelten sie ja gemeinhin
als Abschreckungspotenzial, das den Krieg unführbar
machen sollte.

Diese Erkenntnis gewann ich auf einer Journalistenrei-
se durch die USA, bei der uns die Bundeswehr gemeinsam mit den Amerikanern zeigte, wo deutsche Luftwaffensoldaten ausgebildet wurden. Ergänzend gaben uns

die Amerikaner einen kleinen, aber präzisen Einblick in die Fähigkeiten der US-Armee, der Marine, der Luftwaffe und der Marines, der Elitesoldaten der USA. Unvergessen, wie auf dieser Tour der damalige Militärexperte der Süddeutschen Zeitung, Kurt Kister, immer wieder insistierte: „And if deterrence fails?" Und wenn die Abschreckung versagt? Eine befriedigende Antwort darauf gab es nie, und bis heute hat diese Abschreckung gewirkt. Ein kompliziertes System soll vor versehentlichem Abschuss sichern. Rote Telefone verbinden über Systemgrenzen hinweg die Kommandeure, um bei Irrtum unmittelbar informieren zu können. Hochspezialisierte junge Soldaten im Offiziersrang stehen im Schichtdienst rund um die Uhr bereit, das ganze Jahr über, im Befehlsfall die todbringende Fracht loszuschicken. Bisher blieb es bei der Abschreckung, und ein mögliches Versagen mussten wir nicht berichten.

Deutschland wird grün

Joschka Fischer
Walter Wallmann

Die grüne Partei, als Sammelbecken für Umweltbewegte gegründet, erweiterte 1980 erstmals ihr Themenspektrum um Frieden und Entmilitarisierung. Neue Figuren tauchten als ihre Sprecher auf: Petra Karin Kelly und Ex-Bundeswehr-General Gert Bastian – er Mitverfasser des Krefelder Appells – bildeten eine ganz neue Achse innerhalb des Sammelbeckens DIE GRÜNEN.

Der entschiedene Kampf gegen die Nachrüstung wie auch der genauso entschiedene Kampf gegen Atomkraft trugen wesentlich dazu bei, dass die Grünen im Jahr 1983 erstmals bei der Bundestagswahl im Parlament ankamen. Petra Kelly war eine jener Abgeordneten, die in jenem Herbst mit Sonnenblumen und anderen Insignien grüner Kultur durch die Straßen der Kleinstadt Bonn in den alten Bundestag einzogen. Unter ihnen auch einer der führenden Köpfe der Realo-Grünen, Joschka Fischer.

Er sollte 15 Jahre später erster grüner Landesminister im hessischen Umweltministerium werden, schließlich die Grünen in die erste rot-grüne Koalition auf Bundesebene führen und als Außenminister versuchen, die Einigung Europas ein Stück vorwärtszubringen. Schließlich war er auch der führende Grüne, der die Partei beim Bielefelder Parteitag 1999 mehrheitlich davon überzeugte, die deutsche Beteiligung am Kosovo-Krieg müsse sein.

Zu Beginn war die grüne Partei eine Mischung aus konservativen Naturliebhabern, Ex-Kommunisten verschiedener Richtungen und verärgerten Sozialdemokraten, die ihre Ideale in der SPD verraten fühlten. Atomkraftgegner wie Friedensbewegte formten die neue Partei, die zweifellos in großen Teilen das Ziel hatte, den Frieden in der Gesellschaft und zwischen den Nationen so zu etablieren, dass er nicht wieder gefährdet werden würde. Dazu gehörte auch, die Anliegen der Studentenrevolte von bzw. seit 1968 nun auch im Parlament zu repräsentieren. Über mehrere Jahre hinweg war völlig unklar, in welche Richtung sich die Partei entwickeln und wie sich die Bundestagsfraktion endgültig festlegen würde. Vom schleswig-holsteinischen Bauern Baldur Springmann bis zur Öko-Sozialistin Jutta Ditfurth reichte das Spektrum.

Unvergessen chaotische Parteitage, zum Beispiel jener in Karlsruhe 1984, machten die Berichterstattung spannend und unterhaltsam zugleich. 1984 tobte in Bayern der Streit um die nukleare Wiederaufarbeitungsanlage Wackersdorf. An dem Wochenende, an dem der grüne Parteitag in Karlsruhe stattfand, wurde in Wackersdorf demonstriert. Der grüne Parteitag beschloss am Freitagabend kurzerhand: Wir fahren hin. Das hieß natürlich auch für uns Journalisten, hinzufahren, zu berichten und wieder zurückzufahren. Knappe 400 Kilometer lagen zwischen Karlsruhe und Wackersdorf. Zur Fahrt kamen der Besuch der Demonstration, die Berichterstattung und die Rückfahrt. Erschwerend ergab sich in Wackersdorf, dass die Demonstranten die Kabel der Rundfunkübertragungswagen des Bayerischen Rundfunks durchgeschnitten hatten, was uns Rundfunkkollegen noch eine Extratour nach Regensburg eintrug.

Wenn man so will, war diese Demonstration – mit vielen späteren zusammen – erfolgreich. Frankreich und Großbritannien boten an, den deutschen Atommüll zu recyceln. 1989 war endgültig klar, dass Wackersdorf nicht weitergebaut wurde. Heute ist es zu einem Industriepark geworden. Ein beachtlicher Erfolg grüner Ideen in Bayern, wo sonst lange Zeit nur die CSU ihre Vorstellungen durchsetzte. Wenig erinnert heute noch daran, dass dort im Lauf der Protestjahre drei Menschen starben; dass der Streit um die Wiederaufarbeitung Familien entzweite, Dörfer spaltete – wegen des Für und Wider der Atomkraft.

Nach den Nachrüstungsprotesten Anfang der 80er-Jahre waren dies zweifellos die härtesten Auseinandersetzungen um eine friedliche Zukunft.

Schon früh spielte Joschka Fischer eine führende, anfangs auch sehr umstrittene Rolle. Die Nachkriegszeit hatte die Eltern Joseph Fischers, Donauschwaben, aus Ungarn 1946 wieder in die schwäbische Heimat ihrer Vorfahren vertrieben. Dort wurde Fischer 1948 geboren, katholisch erzogen, war Obermessdiener, verließ das Gymnasium in der 10. Klasse ohne Abschluss, begann eine Fotografenlehre, ohne sie abzuschließen. Seine politische Karriere begann 1968 in Frankfurt am Main, wo er an der Uni Vorlesungen von Theodor Adorno, Jürgen Habermas und Oskar Negt hörte. Er schloss sich der Gruppe „Revolutionärer Kampf" an, beteiligte sich an Protesten, Hausbesetzungen, sogar an Straßenkämpfen. Er selbst bezeichnet die Entführung und Ermordung des Arbeitgeberpräsidenten Hanns Martin Schleyer 1977 als Schlüsselerlebnis, das ihn aus den radikalsten Kreisen aussteigen ließ.

1982 schloss er sich der neuen Partei DIE GRÜNEN an und gehörte zur ersten grünen Bundestagsfraktion. Seine Motivation ähnelt in vielem der seines späteren Regierungspartners Gerhard Schröder, SPD: der Wunsch nach eigenem sozialen Aufstieg, verbunden mit dem Willen, möglichst vielen Menschen den Aufstieg strukturell und organisatorisch zu ermöglichen.

In der Anfangszeit der Grünen ging es darum, die zu jener Zeit virulenten Kräfte gewaltfreier Opposition gegen NATO und Nachrüstung, gegen Atomkraft und Atomwaffen sowie für eine ökologische Landwirtschaftspolitik zu bündeln. Sie sollten mit dem Einzug in den Bundestag 1983 zu einer parlamentarisch nicht mehr wegzudenkenden Größe werden. Fischer war 1985 erster grüner Umweltminister in Hessen in einer Koalition mit den Sozialdemokraten unter Holger Börner geworden. „Turnschuhminister" wurde er genannt, weil er bei seiner Vereidigung Turnschuhe getragen hatte, sie stehen heute im Haus der Geschichte in Bonn. Und sie stehen für den respektlosen Umgang mit Tradition und Macht. Autoritäten müssen sich vor den Bürgern aus Sicht der Grünen immer wieder neu beweisen.

Fischer zeigte sich dabei neben einigen wenigen anderen als herausragend geeignet, die Positionen der Partei so in der Öffentlichkeit zu formulieren, dass sie wahrgenommen wurden – weit über die zahlenmäßige Bedeutung der Partei im Bundestag hinaus.

Zusätzliche Sprengkraft erhielt die gesellschaftliche Auseinandersetzung um die Atomkraft im Jahr 1986. Am 26. April 1986 simulierten im sowjetischen Kernkraftwerk Tschernobyl im ukrainischen Teil der Union Ingenieure einen Stromausfall. Die Übung misslang, der Reaktor explodierte und schleuderte Tonnen radioaktiven Materials in die Luft, das sich in einer großen Wolke langsam, aber sicher in Richtung Westeuropa auf den Weg machte. Erst zwei Tage nach dem selbstverschuldeten Unfall, den die Kraftwerksbetreiber-Mannschaft am Anfang ganz herunterspielen wollte, bequemte sich die Sowjetunion, die Öffentlichkeit zu informieren. Von ehrlicher Information konnte da noch keine Rede sein. Als im 1200 Kilometer entfernten Forsmark in Schweden erhöhte Radioaktivitätswerte eine automatische Abschaltung des dortigen Atomkraftwerkes (AKW) erzwangen, begann die Informationslawine. In Deutschland kam die von den sowjetischen Behörden nur zögerlich weitergegebene Nachricht verspätet an. In Bonn wurde am Abend des 30. April bei Regen „Rhein in Flammen" gefeiert. In Köln gab es ein ähnliches Spektakel, und viele Tausend Menschen wanderten an den Rhein, um sich vor dem Feiertag am 1. Mai dieses Schauspiel zu gönnen. Allmählich verbreitete sich die Information, dass aus dem Osten kommende Regenwolken Radioaktivität aus den oberen Luftschichten ausschwemmten. Aber kaum einer realisierte das an jenem Abend.

Schließlich entpuppte sich Tschernobyl als der größte Unfall in der Geschichte der Atomenergie. In vielen Teilen Europas wurden Radioaktivitätswerte gemessen, die schließlich zur Aufforderung führten, möglichst das Haus nicht zu verlassen. Wildtiere, Pilze, Früchte des Waldes und viele andere Dinge waren nicht zu genießen. Längere Zeit sollte in bestimmten Lebensmitteln ein unzulässig erhöhter Wert an radioaktiven Stoffen zu messen sein, je nach Herkunft. Kinderspielplätze wurden komplett vom Sand der Unfallnacht befreit, weil die Messwerte eine Gefährdung spielender Kinder signalisierten.

In Köln, wo ich in jener Nacht zu den Besuchern des Rhein-Spektakels zählte, war ich mir zunächst überhaupt nicht klar darüber, dass eine Gefährdung bestehen könnte. Als es zu regnen begann, war ich allerdings im Nachhinein doppelt froh, einen Regenschirm dabeizuhaben. Der schützte zumindest gegen alles, was da runterkommen mochte.

In den folgenden Wochen wurde das Ausmaß der Katastrophe offensichtlich. Nach und nach rang sich die

Sowjetunion dazu durch, die Katastrophe in der Region umfassend zu beschreiben. Zehntausende Menschen mussten teils bis heute ihre angestammten Wohngebiete verlassen und woanders unterkommen. 600 000 Menschen waren der ersten starken Strahlenbelastung ausgesetzt. 125 000 sind bis heute ernsthaft erkrankt. 50 Menschen starben unmittelbar nach dem Unglück an der starken Strahlenbelastung, die sie erlitten. Viele Zehntausende erkrankten an Schilddrüsenkrebs, auch andere Krebsarten tauchten in der ukrainischen und weißrussischen Umgebung von Tschernobyl vermehrt auf.

Diese – von den Wissenschaftlern immer wieder für sehr unwahrscheinlich gehaltene – Katastrophe brachte neue Bewegung in die weltweite Anti-AKW-Bewegung. Tägliche Reportagen von stark erhöhten Becquerelwerten im Boden und in der Luft schädigten die Glaubwürdigkeit der Atomlobby massiv.

Das war Wasser auf die Mühlen der Grünen, die Sozialdemokraten kamen unter Druck. So beschloss schließlich der SPD-Parteitag von Nürnberg 1986 den Ausstieg aus der Atomenergie. Die SPD war damals im Bund in der Opposition und konnte solche Beschlüsse ohne große Konsequenzen fassen. Die konservativ-liberale Regierung in Bonn tat alles, um die Sicherheit der in Deutschland Strom produzierenden Atomkraftwerke zu beteuern und verschärfte die Sicherheitserfordernisse. Bis es zum ersten Ausstiegsbeschluss einer rot-grünen Koalition kam, sollten noch 14 Jahre vergehen. 2009 revidierte die konservativ-liberale Bundesregierung unter Angela Merkel den Beschluss. Es bedurfte einer weiteren Katastrophe, der im japanischen Fukushima, am 11. März 2011, damit sich nun die Große Koalition aus CDU, CSU und SPD dazu durchrang, den Ausstiegsbeschluss wieder in Kraft zu setzen.

Eine Reaktion auf das gestiegene Umweltbewusstsein in der Bevölkerung war 1986 die Nominierung des ersten Bundesministers für Umwelt, Naturschutz und Reaktorsicherheit, Walter Wallmann. Wallmann war zu jener Zeit hessischer Vorsitzender der CDU und Oberbürgermeister von Frankfurt am Main. Er sollte einen Gegenpol zur wachsenden Schar der Kritiker bilden, die die Grünen anzogen, und auch der Unionspartei ein umweltpolitisches Gesicht verleihen. Meine erste Begegnung mit ihm war ein Radiointerview im Deutschlandfunk unmittelbar nach seiner Ernennung. Beim Studium des Archivmaterials hatte ich gelesen, dass er 1965 als Jurist eine Promotion mit dem Thema „Zur strafrechtlichen Problematik des Züchtigungsrechtes der Lehrer unter besonderer Berücksichtigung des geltenden Verfassungsrechtes" geschrieben hatte. Also fragte ich ihn im Laufe des Gesprächs, ob er, Lehren aus der Promotionsarbeit ziehend, auch ein Züchtigungsrecht in Anspruch nehmen müsse, um der Union wirklich mehr Umweltbewusstsein beizubringen. Er parierte die Frage mehr oder weniger elegant, allerdings gab es hausintern viel Kritik für die Frage: Das gehöre doch wirklich nicht in ein Interview.

Glück und Verantwortung:
Die deutsche Einheit

Wolfgang Ischinger
Klaus Naumann
Jörg Schönbohm
Volker Rühe
Oskar Lafontaine
Richard Holbrooke
Gerhard Schröder

Für viele meiner Generation war der 9. November 1989, der Fall der Berliner Mauer, ein, wenn nicht das einschneidendste Erlebnis des Lebens, so auch für Wolfgang Ischinger. Der frühere Spitzendiplomat und Leiter der Münchner Sicherheitskonferenz erinnert sich noch lebhaft auch an die Vorgeschichten zum Fall der Mauer: Er war im Spätsommer 1989 derjenige, der die DDR-Bürger aus der bundesdeutschen Botschaft in Prag bei ihrer Zugfahrt durch die DDR in die Bundesrepublik begleiten durfte. Nie werde er diese sehr, sehr kalte Nacht vergessen, in der die „Republikflüchtlinge", wie die DDR sie nannte, durch die DDR fuhren, nicht hundertprozentig sicher, ob der Zug irgendwo angehalten würde, um den einen oder anderen aus dem Abteil zu holen. Erst als die Waggons die innerdeutsche Grenze überquert hatten, ging ein Aufschrei der Erleichterung durch den Zug.

Der Jurist Ischinger, Jahrgang 1946, hatte die letzten zwei Jahre seiner Ausbildung an der Harvard Law School in Massachusetts verbracht. Nach dem Studium absolvierte er ein zweimonatiges Praktikum bei den Vereinten Nationen in New York im Kabinett des damaligen österreichischen Generalsekretärs Kurt Waldheim. Ein Zwei-Jahres-Vertrag als Mitarbeiter schloss sich an, noch bevor Deutschland-West und Deutschland-Ost 1973 überhaupt Mitglied der Vereinten Nationen geworden waren. Ischinger bewies damals schon, dass er ein begnadeter Netzwerker war. Von 1975 bis 2009 hat er deutsche Außen- und Sicherheitspolitik mitgestaltet und beeinflusst. Wichtigste Änderung war für ihn im heutigen Rückblick neben der Einheit, dass Deutschland seine außenpolitischen Interessen formulierte: Bis Anfang der 90er-Jahre gab es im Auswärtigen Amt dazu keinerlei Papier. Und das lag nicht nur am im Westen weiter geltenden Besatzungsstatut, das ja erst 1990 aufgehoben wurde. Immer richtete sich die westdeutsche Politik an der Politik der USA, der Franzosen, anderer Nachbarn, der EU aus. Erst nach der Einheit und nach dem Abschluss des Zwei-plus-vier-Vertrages begann man in Deutschland allmählich mit der Formulierung eigener Interessen. Allerdings muss man einschränkend sagen, je länger Helmut Kohl Kanzler war, desto stärker bestimmte er die großen Linien der Politik. Das Außenamt unter Genscher machte viel Pressearbeit, aber entschied wenig.

Auch im Kanzleramt galt lange Zeit die Maxime der strikten Einbindung in die NATO und in die EU. Das wurde am deutlichsten zum Zeitpunkt unmittelbar nach dem Fall der Mauer. Als Helmut Kohl zur Überraschung vieler seinen Zehn-Punkte-Plan für die Einheit präsentierte, da glaubte auch er selbst noch, dass es acht bis zehn Jahre dauern würde, bis sie erreicht sei.

Volker Rühe, damals CDU-Generalsekretär, weist heute darauf hin, dass sich schon früher größere Veränderungen ankündigten. Diesen Schluss zog er 1984, als er Helmut Kohl bei einem Besuch in Peking beim damaligen Staatsführer Deng Xiao Ping begleitete. Deng sagte damals: „Das große Wasser nimmt das kleine Wasser mit." Gemeint hatte er, die Veränderungen in der Sowjetunion unter Gorbatschow würden auch zu Veränderungen in der DDR führen. Hätte es nicht die Veränderungen in Warschau, Moskau und Budapest gegeben, es wäre wohl kaum zur deutschen Einheit gekommen.

Beeindruckend dabei, dass diese massive Veränderung mitten in Europa erstmals fast völlig friedlich über die Bühne ging. Nachdem 1988 die Proteste der chinesischen Studenten auf dem Tian'anmen-Platz brutal niedergeschlagen worden waren, hatten viele gefürchtet, jegliche Art des Protestes in Osteuropa werde auf ähnliche Weise zunichtegemacht. Schließlich war dies ja in der Vergangenheit mehrfach in Europa geschehen. Erst recht, wenn es um Systemveränderung und Freiheit ging. Letztlich war es eine Verkettung ungewöhnlicher Umstände, dass sich dieser Wandel friedlich vollzog.

Auch wenn sich die Vereinigung der beiden deutschen Staaten und ihrer Wirtschaftssysteme im historischen Rückblick als vielleicht überhastet vollzogener Prozess darstellt, bestand er aus vielen schwierigen Einzelentscheidungen. Im Bundestagswahlkampf 1990 mit dem SPD-Spitzenkandidaten Oskar Lafontaine wurde dies kontrovers diskutiert.

Lafontaine war beispielsweise gegen die überstürzte Einführung der D-Mark in der noch bestehenden DDR, seine Partei war mehrheitlich dafür. Lafontaine war als Kanzlerkandidat gehandicapt, weil er am 25. April 1990 in Köln Opfer eines Attentats geworden war. Nach der Zwangspause bekräftigte Lafontaine in einem Interview mit dem SPIEGEL seine Meinung. So wollte er wieder in die Politik zurückkehren. Der Partei- und Fraktionsvorsitzende Hans-Jochen Vogel fühlte sich vor den Kopf gestoßen, weil diese Äußerung nicht mit ihm abgestimmt war. Dabei hatte Lafontaine bereits vor dem Attentat immer wieder gesagt, er warne vor einer überstürzten Währungsunion zum 1. Juli 1990 mit dem Verhältnis 1 : 1, wie sie Bundeskanzler Helmut Kohl damals anstrebte und später auch durchsetzte. Lafontaine fürchtete um den sozialen Frieden. Zu viele Arbeitsplätze würden dabei verloren gehen, erwartete er.

Die Stimmung in der DDR war eindeutig, bei Demonstrationen war immer wieder zu lesen: „Kommt die DM nicht zu uns, kommen wir zu ihr." Etliche Tausend DDR-Bürger hatten diesen Prozess bereits begonnen. Die Zahl der Pendler, die in Westdeutschland arbeiteten, hatte im Verlauf der Monate erheblich zugenommen. Die alte Bundesrepublik war unter Druck. Im Osten wahlkämpfte der Bundeskanzler für die „Allianz für Deutschland", zu der auch die Ost-CDU gehörte. Er versprach in diesem Punkt schnelle Veränderung. Die Sozialdemokraten, bei den Volkskammerwahlen schmählich unterlegen, wollten sich nun in diesem Punkt keine Blöße geben. Der selbsternannte Ökonom Lafontaine machte sich die Argumente der Kritiker aus Teilen der Bundesbank und der Wissenschaft zu eigen.

Das sorgte für Aufregung in den Gremien der SPD, die ich einmal hautnah erlebte. Wie an jedem Montagnachmittag jeder Sitzungswoche tagten der (kleine) geschäftsführende Fraktionsvorstand und anschließend der Fraktionsvorstand. In Bonn erwartete man eine Entscheidung dieser Gremien vor den im Bundestag demnächst anstehenden Beschlüssen. Ich war noch relativ neu im ZDF-Büro in Bonn und sollte an jenem Abend ein Stück für das „heute journal" abliefern. Es musste also um 21.45 Uhr fertig sein. Ganz gegen ihre Gewohnheit tagten die Genossen um 19.00 Uhr immer noch und auch um 19.30 Uhr. Für mich wurde es zeitlich eng, die

Schar der wartenden Journalisten wurde kleiner, denn die Redaktionsschlusszeiten der Zeitungen waren vorüber. Werner Sonne und ich warteten mit unseren Kamerateams noch immer vor der Tür auf das Sitzungsende. Schließlich, kurz vor 20.00 Uhr, öffnete sich die Tür, und der Fraktionsvorsitzende Hans-Jochen Vogel kam heraus. Wir bestürmten ihn mit Fragen. Zunächst mal gab es eine der vielen Aussagen, die versuchten, den Konflikt kleinzureden. Schließlich fragte ich: „Ist Ihnen so etwas schon früher einmal in einem Wahlkampf passiert, dass der Spitzenkandidat eine ganz andere Meinung vertritt als die Parteilinie?"

Vogel bekam einen hochroten Kopf und antwortete: „Sie müssen ein Anfänger in Ihrem Beruf sein, wenn Sie glauben, dass es hier große Unterschiede gibt." Er wollte den Konflikt also bestreiten und versuchte, mich als Ignoranten dastehen zu lassen. Generell ein berechtigter Versuch, ein Thema aus der Welt zu bekommen. Auch mit mehreren Nachfragen gelang es mir nicht, ihn wirklich zu einer Kritik am Standpunkt Lafontaines zu bewegen. Die Zeit drängte, ich bewegte mich auf dem schnellsten Weg ins Bonner ZDF-Studio, um meinen Beitrag fertigzustellen. Nun saß ich also im Schneideraum und hörte mir das Interview an. Ich kam dabei relativ schlecht weg. Bei jeder Nachfrage herrschte mich Vogel wie beim ersten Mal an, um die in den Fragen enthaltenen Kritikpunkte wegzubekommen. Was tun?, fragt man sich in so einem Moment, mittlerweile war es 20.40 Uhr, die Zeit drängte, und im Studio war niemand mehr, den ich hätte um Rat fragen können. Ich hatte das Gefühl, dass meine Fragen richtig waren und dass seine ausweichenden Antworten hinter den Angriffen auf mich seine eigene Hilflosigkeit verbergen sollten. Also entschloss ich mich – nicht leichten Herzens –, das Interview so in den Bericht zu integrieren, den Text zu sprechen und das Stück nach Mainz zu überspielen. Doch die Unsicherheit blieb, ob ich da richtig gehandelt hatte.

Am nächsten Morgen um 8.00 Uhr gab es wie in jeder Sitzungswoche das sogenannte Vogel-Frühstück in der Hamburger Landesvertretung. Ich betrat den Sitzungsraum kurz vor Beginn, Vogel war noch nicht da. Ein Kollege begrüßte mich mit den Worten „Guten Morgen, Herr Lueg", da wusste ich, ich hatte am Vorabend richtig gehandelt, als ich die Auseinandersetzung so ausgestrahlt hatte. Die Begrüßung bezog sich auf einen Wortwechsel, den der damalige Studioleiter der ADR, Ernst-Dieter Lueg, vor mehr als einem Jahrzehnt mit dem damaligen SPD-Fraktionsvorsitzenden Herbert Wehner gehabt hatte. Um sein Missfallen über dessen Fragen auszudrücken, hatte Wehner damals Lueg als „Lüg" bezeichnet. Er wollte sich ebenfalls aus einer brenzligen Situation retten, erreichte damit aber das Gegenteil. Für mich bedeutete der von vielen Kollegen geteilte Spaß eine Art Ritterschlag. Nach wenigen Monaten in Bonn wusste ich, ich war angekommen in der Berichterstatterriege der Regierungskorrespondenten. Das war, zumal für einen Fernsehmenschen, nicht so einfach in dem durch seine Hintergrundkreise und parteipolitischen Verflechtungen schwer zugänglichen Bonn der 90er-Jahre.

Berlin oder Bonn als Regierungssitz – das war eine heiß umkämpfte Frage, obwohl vor dem Fall der Mauer immer wieder im Westen betont worden war: Berlin ist und bleibt die Hautstadt Deutschlands. Noch am Tag der Abstimmung, am 20. Juni 1991, verliefen die Fronten quer durch alle Fraktionen, selbst bei den drei Abgeordneten der PDS gab es eine Teilung: zwei Stimmen für Berlin, eine für Bonn. Insgesamt siegte an jenem Abend Berlin mit 337 Stimmen über Bonn mit 320 Stimmen. Ein verhältnismäßig knappes Ergebnis, das mit viel Emotion angenommen oder bedauert wurde. Es gab Tränen und Jubelschreie am späten Abend im Wasserwerk des Deutschen Bundestages, dem damaligen Plenarsaal. Beide öffentlich-rechtlichen Fernsehanstalten sendeten den ganzen Tag über live aus dem Bundestag und hatten auch am Abend lange Sondersendungen. Ich hatte die Aufgabe, den einen oder anderen Parlamentarier beim Verlassen des Wasserwerkes zu fragen, wie er das Ergebnis kommentiere. Nie wusste man genau: War man auf Sendung, oder wurde das Gespräch, das man führte, nur aufgezeichnet?

So kam es zu einem weiteren denkwürdigen Interview mit dem SPD-Fraktionsvorsitzenden Dr. Hans-Jochen Vogel, der natürlich für Berlin gestimmt hatte. Schließlich war er 1981 für ein halbes Jahr dort Regierender Bürgermeister gewesen, bis er die Wahl gegen Richard von Weizsäcker verlor. Meine erste Frage an Vogel: „Mit den Stimmen der PDS, der alten SED-Hauptstadtpartei, ein Hauptstadtsieg für Berlin?" Zu dem Zeitpunkt wusste man draußen vor der Tür noch keine Details zur Abstimmung, und bei dem knappen Ergebnis hatten die PDS-Stimmen zweifellos zum Erfolg Berlins beigetragen. Vogel fand diese Frage so unmöglich, dass er erst einmal einige Schritte zurückmachte und das Interview scheinbar gar nicht führen wollte. Doch weder er noch ich wussten, ob wir live auf dem Sender waren, und daher entschloss er sich nach wenigen Sekunden, doch lieber zu antworten, als der Frage davonzulaufen. Zumindest hätte dieser Eindruck entstehen können. Offensichtlich hatte die Frage bei ihm einen Nerv getroffen. Er wies diese Schlussfolgerung empört zurück und sagte das, was Politiker in solchen Situationen gerne sagen:

Die besseren Argumente hätten gewonnen, der Ausgleich für die Stadt und die Region Bonn durch die langen Übergangsfristen habe vielen die Entscheidung für Berlin erleichtert, und schließlich gelte nach wie vor, was im Grundgesetz stehe: Berlin bleibe die Hauptstadt, und das sei nun endgültig bekräftigt.

Die Bundeswehr hatte der Fall der Mauer völlig unvorbereitet getroffen. Seit ihrer Gründung 1955 hatte sie sich in ihrem Auftrag der Landesverteidigung breitgemacht, im wahrsten Sinne des Wortes. Entlang der Grenze zur DDR, insbesondere in der norddeutschen Tiefebene, im Fulda Gap und entlang der tschechischen Grenze waren Garnisonen gebaut worden. Natürlich gab die Spitze der Bundeswehr an Feiertagen wie dem 17. Juni, dem Jahrestag des Arbeiteraufstandes in der DDR 1953, Bekenntnisse zur deutschen Einheit ab. Aber Pläne dafür, was geschehen sollte, wenn diese Einheit wirklich in Reichweite rücken sollte, die bestanden nicht. Ganz im Gegenteil! Solche Pläne waren sogar verpönt.

So richtete Bundesverteidigungsminister Gerhard Stoltenberg baldigst nach dem Mauerfall einen Arbeitsstab ein. Nach kurzer Zeit übernahm Jörg Schönbohm, damals Leiter des Planungsstabes des Ministeriums, die Aufgabe. Schönbohm baute in Strausberg bei Berlin ein Büro auf, von dem aus die Übernahme der Nationalen Volksarmee (NVA) organisiert werden sollte. 180 000 Mann stark war die NVA zu jenem Zeitpunkt noch, viele Generäle und Admirale, eine insgesamt ziemlich kopflastige Institution. Bei einem Besuch im Frühsommer 1990 konnte ich mir ein Bild machen, wie es tatsächlich um die NVA stand. Ihre Nachrichtenzentrale war in der Kaserne des alten Fliegerhorstes der Wehrmacht in Strausberg bei Berlin untergebracht, die sich wie viele

Kasernen der DDR nicht im allerbesten Zustand befand. Aber Strausberg verfügte bereits aus der NS-Zeit über einen Flugplatz. Hier standen damals sowjetische Hubschrauber bereit zu einer Tour durch das Land. Einer davon, so die Piloten, war von Erich Honecker und anderen Parteigrößen genutzt worden. Das Gefährt wirkte etwas ungewöhnlich. Der Tank teilte in der Mitte den Passagierteil des Hubschraubers.

Damit starteten wir eine Rundtour durch einige Kasernen. Überall bot sich ein ähnliches Bild, Gebäude, die nach Renovierung schrien, Frauen und Männer, die auf eine Zukunft in der Bundeswehr hofften, aber gleichzeitig sehr skeptisch waren. Ihr System sahen sie untergehen und damit auch ihre persönliche Karriere. Nicht zu Unrecht, wie sich später zeigen sollte. Angesichts der in Bonn laufenden Zwei-plus-vier-Verhandlungen der vier alliierten Mächte Großbritannien, Frankreich, Sowjetunion und USA mit den zwei deutschen Staaten war bald klar, dass die Bundeswehr für ein vereinigtes Deutschland maximal 370 000 Soldaten haben dürfte. Das war ein Kraftakt sondergleichen: Allein die Bundeswehr hatte zu jener Zeit 495 000 Soldaten, und die NVA kommandierte über 180 000.

Daneben lebten in der alten DDR 337 800 Soldaten der sowjetischen Streitkräfte gemeinsam mit 208 400 Familienangehörigen in Kasernen. Sie hatten in Zeiten der Bürgerrechtsbewegung und des Mauerfalls stillgehalten, anders als beim Arbeiteraufstand 1953, als sowjetische Panzer die Aufständischen stoppten und die Demonstranten teils im Gefängnis endeten.

Klaus Naumann, ein Soldat, machte in einer besonderen Zeit Karriere. 34 Jahre lang war die westdeutsche Bundeswehr als Teil der NATO an der Grenze zum

Warschauer Pakt zu einer defensiven Panzerarmee ausgebaut worden. Ziel war, einen eventuellen Angriff aus dem Osten aufhalten zu können.

Mit dem Fall der Mauer rutschten auf einmal all die lange eingeübten Gewissheiten und Feindbilder fort. Naumann war zu dem Zeitpunkt als Generalmajor Leiter der Abteilung Militärpolitik im Ministerium. Der General erinnert sich noch gut, wie er die ersten Nachrichten über den Fall der Mauer hörte: Er saß zu Hause in Bonn am Schreibtisch, bereitete einen Vortrag vor, als ihn am späteren Abend ein amerikanischer Freund anrief. Larry, so hieß er, gratulierte zur bevorstehenden Vereinigung Deutschlands. Naumanns erste Reaktion: „Hast du vielleicht einen Whiskey zu viel getrunken?" Aber der amerikanische Kollege empfahl dringend, mal die aktuellen Fernsehprogramme anzuschalten, selbst in den USA könne man ja live verfolgen, wie gerade die Berliner Mauer aufgehe und sich ein Strom von Ostberlinern in den Westen bewege. Naumann schaltete ein und sah, was geschah. Er dankte für die guten Wünsche und dachte bei sich, er hoffe, dass Wahrheit werden würde, was die Fernsehbilder ankündigten. Seine Frau, als kleines Mädchen mit der Mutter aus Ostdeutschland in den Westen geflüchtet, schlief bereits, er holte sie aus dem Bett, damit auch sie Augenzeuge des Unglaublichen werde.

So wie Klaus Naumann hat jeder seine ganz eigene Erinnerung an jenen 9. November 1989, als der Traum von der deutschen Einheit begann Wirklichkeit zu werden. Aus der bipolaren Weltordnung entstand etwas Neues, das noch nicht genau zu umschreiben war zu jenem Zeitpunkt. Es gab keine Pläne für diese Art von Zukunft, weder in West noch in Ost. Wenig bekannt war bisher, dass die Nationale Volksarmee ihre Befehlshaber an jenem Abend vor den Toren Berlins, in der heutigen

Akademie Strausberg, versammelt hatte. 400 Generäle und Admirale murrten, weil keine klare Weisung kam. Verteidigungsminister Hoffmann versuchte vergeblich, von seinen Vorgesetzten zu erfahren, ob man die Bevölkerung mit Gewalt daran hindern solle, ohne Visa die schwer bewachte, aber nun poröse Grenze zu überschreiten. Doch es gab keine Befehle. Heute weiß man, dass sich der sowjetische Botschafter in Ostberlin weigerte, zu dieser – in Moskau späten – Stunde den Generalsekretär Gorbatschow anzurufen. Nach 22 Uhr hatte das zu unterbleiben. Also blieben die sowjetischen Soldaten in den Kasernen.

Das Zentralkomitee und seine Mitglieder übersahen an jenem Abend nicht, dass die normative Kraft des Faktischen Wirkung zeigen würde. Die Bürger der DDR schafften Fakten, die nicht mehr friedlich aus der Welt geschaffen werden konnten. Die Generäle der DDR in Strausberg maulten angesichts der Untätigkeit. Man versuchte, die Stimmung zu verbessern, indem man sie erst einmal in einen Kinovorführsaal schickte. Es seien neue, westliche Filme eingetroffen. Man mag es für eine Ironie der Geschichte halten, dass zu dem Zeitpunkt, als Zehntausende DDR-Bürger die Luft der Freiheit schnupperten, Spitzenmilitärs der DDR den Film „Dirty Dancing" schauten. Sie ahnten nicht, dass sie eine historische Stunde verpassten. Am Tag danach war es zu spät, die Uhr zurückzustellen. Das Ende der DDR hatte begonnen. Keiner wusste, wohin diese Entwicklung führen würde. Keiner ahnte, dass bald auch der Warschauer Pakt zerfiel, die Sowjetunion sich auflöste und viele Staaten des alten Ostens ihre Freiheit erstritten – an runden und eckigen Tischen; mit Kirchenhilfe wie in Polen, kombiniert mit Arbeitern, der einst ideologischen Stütze des alten Regimes; in der damals noch Tschechoslowakischen Republik mit Bürgerinitiativen und Hilfe vieler

Intellektueller, wie des Dichters Václav Havel. Sie zwangen die existierende Regierung zum Abtritt und führten erste freie Wahlen nach der „samtenen Revolution" herbei, Abzug der sowjetischen Truppen inklusive. Und das alles friedlich.

In Deutschland dauerte es noch bis zum August 1994, bis die letzten russischen Soldaten aus dem Ostteil des vereinigten Deutschlands abzogen. Ermöglicht hatte das unter anderem eine Zusage der Regierung von Kohl/Genscher über 15 Milliarden DM. Mit dem Geld wurden neue Kasernen und Wohnung im russischen Heimatland gebaut. Anders hätte die große Zahl gar nicht untergebracht werden können. Die Russen ließen sich ihren Abzug tatsächlich im wahrsten Sinne des Wortes bezahlen.

Rainer Eppelmann, der protestantische Pfarrer und Exponent des Widerstands gegen das alte Regime, war mit seinem „Demokratischen Aufbruch" nach der einzigen freien Volkskammerwahl im März 1990 Verteidigungsminister geworden. Er gab den Mitgliedern der NVA nach seinem Amtsantritt die Möglichkeit, ihre Personalakten einzusehen. Das führte in vielen Fällen zu Aktenvernichtung und stellte die Bundeswehr bei der Überprüfung derjenigen, die übernommen zu werden wünschten, vor gewaltige Probleme. Leere Akten, die nichts darüber verrieten, wie weit der eine oder andere Offizier in die Machenschaften der Stasi verstrickt war. Systemkonform waren wohl alle, zumindest waren sie es zu Beginn ihres Dienstes in der NVA gewesen. Manch einem ging allerdings während der Jahre auf, dass nicht alles Gold war, was Ministerium und Parteileitung zum Glänzen bringen wollten.

Als am 3. Oktober 1990, dem Tag der Vereinigung der

beiden deutschen Staaten, auch die NVA mit der Bundeswehr vereinigt wurde, startete am frühen Morgen ein Flugzeug der Luftwaffe in Bonn mit Verteidigungsminister Gerhard Stoltenberg, CDU, und dem Generalinspekteur gen Strausberg. Am Nachmittag fand im großen Hörsaal der offizielle Übergabeappell statt. So bedeutsam dies für die Soldaten war, der Fokus des Tages lag eindeutig auf den Zeremonien in Berlin, wo Bundespräsident von Weizsäcker, Kanzler Kohl und Ministerpräsident Lothar de Maizière, die Bundestagsabgeordneten und die Abgeordneten der einzigen frei gewählten DDR-Volkskammer gemeinsam mit vielen Bürgern die Vereinigung feierten. Millionen Schicksale erhielten an diesem Tag eine endgültige Wendung. Politische Gefangene kamen frei, wenn nicht schon die runden Tische und die Volkskammer für ihre Befreiung gesorgt hatten. Verpasste Lebenschancen konnte die Einheit allerdings niemandem zurückgeben. „Bausoldaten", die Wehrdienstverweigerer der DDR, durften in der Regel nicht studieren. Kinder von Kirchenmitarbeitern blieb ebenfalls häufig der Weg zur Universität versperrt. Ausnahmen wie Angela Merkel bestätigen die Regel.

Die Veränderungen im Leben der Soldaten gehörten neben denen der ehemaligen Parteigenossen in führenden Funktionen sicher zu den radikalsten Wenden. Viele Zehntausende verloren ihren Arbeitsplatz. Nicht von ungefähr verbreitete sich in Ostdeutschland das Gefühl, dass eine feindliche Übernahme stattgefunden hatte. Und Tausende fühlen sich zu Unrecht aus ihren Positionen vertrieben. Nach ihrem persönlichen Gefühl hatten sie nur einen „Fehler" gemacht, sie waren auf der falschen Seite Deutschlands geboren worden. Und diesen Fehler konnten die meisten weder beeinflussen noch korrigieren. Der Osten hatte verloren, ideologisch und wirtschaftlich. Von der „Armee der Einheit" sprachen

Minister Stoltenberg und der für die Zusammenführung verantwortliche Generalleutnant Jörg Schönbohm, der das Kommando über den neuen Wehrbezirk Ost übertragen bekommen hatte. Schönbohm erleichterte den Ex-NVA-Soldaten das Umdenken sicher nicht, als er bei seinem Antrittsappell in Strausberg am Morgen des 4. Oktober 1990 sagte:

„Aus Teilen der von der SED aufgebauten und im Geiste des Klassenkampfes erzogenen Armee sollen Truppenteile der Bundeswehr werden, jener Armee also, die einst als Gegner und als Klassenfeind betrachtet wurde. Trotz aller früheren Unterschiede und Gegensätze müssen wir künftig die Geschlossenheit der gesamtdeutschen Streitkräfte erreichen, um unseren gemeinsamen Auftrag, Frieden und Freiheit unseres demokratischen Staates zu schützen und zu wahren, erfüllen zu können. Diese Geschlossenheit und Gemeinsamkeit kann nur auf der Grundlage einer eindeutigen Absage an die Grundsätze der DDR und ihrer früheren Armee erreicht werden. Klassenkampf, Klassenauftrag, Klassenhass und Feindbild – welches auch immer – haben in der Bundeswehr keinen Platz.

Der Respekt vor den Menschenrechten des Einzelnen und ihr Schutz, die Beachtung der internationalen Rechtsordnung sind ebenso Staatszweck des vereinten Deutschlands, wie sie es in der Bundesrepublik Deutschland bisher schon waren.

Es ist allein Ihre Sache, den Bruch mit der Vergangenheit zu vollziehen, in der Sie im Dienste eines Staates standen, der diese Normen verletzte. Ihr Weg in eine demokratische Armee wird Ihnen nur gelingen, wenn Sie zuvor aus Einsicht und Überzeugung den Bruch mit der Ideologie der DDR vollzogen haben. Auf diesem Weg wollen wir Sie helfend begleiten – als Kameraden.

Wir, die wir jetzt als Ihre Vorgesetzten, aber auch als

Ihre Untergebenen zu Ihnen gekommen sind, kommen nicht als Sieger oder Eroberer. Wir kommen als Deutsche zu Deutschen."

Das Gros der DDR-Bevölkerung war froh, dass die Staatsorgane von einst der Vergangenheit angehörten: Staatssicherheit, Volkspolizei und die Nationale Volksarmee, alles furchteinflößende Institutionen, die den Alltag der Bürger reglementierten, überwachten und bei von der Norm abweichendem Verhalten das Leben zur Hölle machen konnten.

Nach nur wenigen Monaten stellte sich heraus, dass von der Armee der Einheit nicht viel übrig geblieben war. Alle wichtigen Positionen waren von westdeutschen Offizieren besetzt. Für den Übergang hatte man zwar noch alle Soldaten, ob Ost oder West, in NATO-oliv-Uniformen gesteckt, um Unterschiede nicht so sichtbar werden zu lassen. Aber der Anteil der früheren NVA-Soldaten wurde binnen zwei Jahren radikal runtergefahren. In der Übergangszeit beschäftigte man auch noch den einen oder anderen General als Berater, der als Soldat bereits am Abend des 2. 10. aus den Diensten der NVA entlassen worden war. Anders hätte man die Vielzahl der Kasernen, Lager, Institutionen nicht übernehmen können. Bereits 1992 bei der Kommandeurstagung der Bundeswehr in Leipzig, der ersten in Ostdeutschland, fand sich nur noch ein einziger Oberst mit ostdeutschem Lebenslauf unter den Offizieren. Er durfte als Arzt weiterarbeiten, der das neue Bundeswehr-Zentralkrankenhaus in Berlin auf den Grundpfeilern des alten DDR-Volkspolizei-Krankenhauses aufbaute.

Zehntausende Offiziere sahen sich zwangsverrentet, dabei hatten sich viele gerade in der Schlussphase der DDR unter ihrem zivilen protestantischen Pfarrer und

Verteidigungsminister Rainer Eppelmann Gedanken über die Neuorientierung der Armee nach dem Ende des Kalten Krieges gemacht. Doch kurz darauf saßen sie beruflich im Aus. 1993 wurde den Reservisten dann auch noch verboten, sich Oberst – oder was auch immer – der Reserve zu nennen. Stattdessen galten sie auf einmal als „Gediente in fremden Streitkräften".

Der 1942 in Hamburg geborene Volker Rühe hatte die deutsche Einheit aus der Perspektive des CDU-Generalsekretärs gemanagt. Von der Neigung her Außenpolitiker, hatte er, um aller Kritik vorzubeugen, bei der Verschmelzung der Ost-CDU mit der West-CDU auf alle Vermögensteile der Ost-CDU notariell verzichtet. Das Vermögen der früher im Osten „Blockflötenpartei" genannten Ost-CDU hatte ihr ja letztlich die SED zugesprochen. Eine Übernahme hätte den Verdacht genährt, die West-CDU paktiere nun, ohne die Vergangenheit zu bewerten und zu beurteilen, mit einer Kraft, die in DDR-Zeiten machtstabilisierend gewirkt hatte, nicht unabhängig gewesen war. „Die Entscheidung haben mir damals viele übel genommen", erklärte Rühe mir. Allein die ehemalige Parteizentrale am Gendarmenmarkt in Berlin sei heute 40 Millionen Euro wert. Aber er bereue die Entscheidung nicht. Der Protestant und Hanseat in Sprache und Gestus wurde im Frühjahr 1992 Nachfolger Gerhard Stoltenbergs als Verteidigungsminister. Von Anfang an verfolgte er zwei Ziele: die Bundeswehr im Rahmen der NATO weltweit einsatzfähig zu machen und die NATO zu öffnen für neue Mitglieder aus dem Osten.

Er ging dabei vorsichtig vor und suchte auch die Unterstützung der Fachpolitiker unter den Sozialdemokraten. Seine Leitlinie sei gewesen: „Es kann sehr unmoralisch sein, Soldaten einzusetzen. Es kann aber auch sehr unmoralisch sein, Soldaten nicht einzusetzen", so Rühe. Sein erster Versuchsballon in dieser Hinsicht war dann der Einsatz einer Sanitätskompanie in Kambodscha im Sommer 1992. Als humanitäre Maßnahmen deklariert, stellte die Bundeswehr in der Hauptstadt Phnom Penh ein Feldlazarett, das die in Kambodscha anwesenden internationalen Truppen unter UN-Flagge betreute, sich aber auch um Kambodschaner kümmerte, die Hilfe suchten.

Danach folgte Somalia 1993, ein sehr viel größerer Einsatz von 1700 Mann ebenfalls mit UN-Mandat. Volker Rühe besuchte die Truppe im Wüstensand von Belet Huen sofort zu Beginn mit einer Delegation von Journalisten und Abgeordneten aus Bonn. Ich war mit einem ZDF-Team schon ein paar Tage früher hingeflogen, um den Aufbau zu dokumentieren. Es entstand ein Bild, das den Minister hat damals stören müssen: Als er auf uns zukam, winkten wir ihm zu. Er grüßte freundlich zurück, achtete dabei nicht auf die Unebenheiten im Wüstensand und fiel auf die Nase. Das Bild war natürlich das Bild des Tages. Stört ihn das Bild heute noch? Er verneint das. Doch nach diesem Unfall, bei dem er sich zudem den Fuß ordentlich verknackst hatte, war er mehr als vorsichtig bei Besuchen der Truppe.

Rühe ist bis heute engagiert, wenn es um Bundeswehr und NATO geht. Erst im Sommer 2015 hat er einen Vorschlag für den Bundestag erarbeitet, der den multinationalen Einsatz von Bundeswehreinheiten in gemischten Verbänden vereinfachen soll. Jährlich einmal, so der Vorschlag, soll die Bundesregierung den Bundestag informieren, wo deutsche Soldaten in internationalen gemischten Verbänden eingesetzt sind, die im Zweifel auch zum Einsatz kommen können. Diese Einsatzkräfte soll der Bundestag dann einmal pro Jahr bewilligen, sodass nicht bei jedem Einzeleinsatz der Bundestag wieder entscheiden muss und NATO oder UN schneller auf solch gemischte Verbände zugreifen können. Für Rühe steht das Militär als Abschreckungskraft im Vordergrund. Einsätze seien wirklich das allerletzte Mittel. Militärische Einsätze könnten ja auch immer bedeuten, dass die Politik versagt habe.

Die Umorganisation der Bundeswehr war noch im vollen Gange, als Generalinspekteur Klaus Naumann die Kommandeure der Bundeswehr zu ihrer alle zwei Jahre stattfindenden großen Tagung bewusst ins ostdeutsche Leipzig einlud. Er hatte sich zuvor umfassend in der Bundeswehr umgesehen und festgestellt, dass die Armee selbstzufrieden geworden war. Das begann nach seiner Einschätzung bei der körperlichen Fitness der Vorgesetzten, die zu wünschen übrig ließ, und endete bei der Motivation, die immer noch mehr oder weniger im Status des Kalten Krieges verharrte, obwohl die Blockkonfrontation schneller weggebrochen war, als viele zum Zeitpunkt des Falls der Mauer erwartet hatten.

Nun galt es für das größer gewordene Deutschland, seine Lage und seine Interessen zu definieren. Zwar waren zum Zeitpunkt dieses Kommandeurstreffens die sowjetischen Soldaten noch nicht komplett aus Ostdeutschland abgezogen, aber sie spielten keine bedrohliche Rolle mehr. Auf dem Weg zur Armee der Einheit von nur noch 370 000 Soldaten mussten die Aufgaben neu ausgerichtet werden. Schon die Tatsache, dass Landes- und Bündnisverteidigung künftig nicht mehr ausschließlich an der nicht mehr vorhandenen innerdeutschen Grenze stattfinden würde, forderte eine Neupositionierung. Darüber hinaus führte er den Offizieren vor

Augen, dass in Zukunft auch Einsätze außerhalb des Bündnisgebietes der NATO an der Seite von Bündnispartnern im Auftrag der Vereinten Nationen als Peace-Building- oder Peace-Enforcing-Kräfte (Frieden schaffende oder Frieden herbeiführende Kräfte) vorstellbar seien. Das werde bedeuten, dass man sich auf einen anderen Alltag werde einstellen müssen: nicht mehr 99 Jahre Frieden und möglicherweise ein Jahr Krieg wie in Zeiten des Kalten Krieges, der Gott sei Dank nie stattfand, sondern eine Ausbildung mit dem Ziel, einsatz- und kampfbereit zu werden. Das stieß zunächst einmal auf große Skepsis bei vielen Soldaten. Sie hatten den Eindruck, dass sie bei ihrem Eid, Deutschland zu dienen, nicht darauf vereidigt worden waren, auch weltweit zum (Kampf-)Einsatz kommen zu müssen.

Naumann hatte diesen Kurs natürlich mit der politischen Führung abgestimmt, mit dem Bundesminister Stoltenberg zunächst und dann mit dessen Nachfolger Volker Rühe. Rühe war klar, dass die Bundeswehr ihren neuen Platz in der NATO und in der Welt noch werde finden müssen.

Manch anwesender Kommandeur fand die Aussichten, die der oberste General da skizziert hatte, bedrohlich, so konnte er im persönlichen Gespräch feststellen.

Der Wandel der Bundeswehr von einer Armee der Landesverteidigung hin zu einer Armee, die international eingesetzt wurde, war schwierig zu beschreiben. Viele Veränderungen vollzogen sich schleichend. Die Verkleinerung allerdings war für jedermann offensichtlich. Überall in Deutschland wurden Kasernen geschlossen. Soldatenfamilien mussten umziehen oder sich gänzlich beruflich neu orientieren. Das bedeutete für den Berichterstatter, mit Experten, möglichst vielen Menschen aus allen Bereichen, dem Bundestag, den militärischen Stäben, den Betroffenen zu sprechen, um einen Eindruck von der tatsächlichen Größe der Veränderung zu bekommen. In einem Film über ein Panzergrenadierbataillon in Osterrode am Harz konnte ich erklären, dass in ein paar Jahren die Kaserne leer sein werde, jene Kaserne, die der Schauspieler Till Schweiger im Herbst 2015 zu einem Flüchtlingsheim machen wollte.

Im Sommer 1993 startete der erste große Auslandseinsatz der Bundeswehr in Somalia mit 1700 Soldaten. Ein Versorgungs- und ein Logistikbataillon wurden nach Somalia verlegt, das den zu erwartenden indischen Kampftruppen die Versorgung garantieren sollte. Mit einem UN-Mandat ausgestattet, wollten Soldaten aus aller Welt dazu beitragen, dass Frieden in das führungslose Land zurückkehrte. General Bernhard, Chef des ersten Kontingents der Soldaten, sprach bei Eintreffen in Somalia den berühmten Satz: „Jetzt sind wir wieder in der Familie angekommen." Sagen wollte er damit, die Bundeswehr beteilige sich ab sofort an friedenschaffenden Maßnahmen in der NATO-Familie unter UNO-Mandat. Der Satz sorgte innenpolitisch für große Diskussionen, ob dies das Ziel der Bundeswehr sein könne. Ich verbrachte zu Beginn der Aktion drei Wochen im Feldlager Belet Huen. Der größte Feind der Soldaten war die Natur in Form giftiger Spinnen und giftiger Schlangen. Da die Inder nie kamen, mussten die deutschen Soldaten 1994 unverrichteter Dinge wieder abziehen.

Kurz vor Weihnachten besuchte der Generalinspekteur die Truppe im Wüstensand von Somalia. Als wir Journalisten nach Somalia flogen, war die komplexe Lage Gegenstand vieler Fragen an Klaus Naumann. Er vertrat solidarisch mit seinem Minister die offizielle Linie: Man müsse warten, bis andere Einsatzkräfte wirklich angekommen seien. Deutschlands Öffentlichkeit solle nicht so schnell anfangen, die Maßnahme zu kritisieren, nur weil sie nicht so ordentlich nach Plan laufe, wie sich das deutsche Planer wünschten.

Und am Abend dann ein relativ entspannter Klaus Naumann, der sich danach erkundigt, was denn nun aus meiner Familienplanung geworden sei. Als ich erzähle, mittlerweile sei ich stolzer Vater eines Sohnes, gratuliert er nicht nur, sondern er fragt auch interessiert nach dem Namen. Als er „Martin" hört, schmunzelt er und sagt: „Na, wie der erste Soldat in der christlichen Geschichte!" Ich gab zu bedenken, dass Martin von Tours auch der erste Wehrdienstverweigerer der Geschichte war. Etwas überrascht war der Vier-Sterne-General da schon.

Die Soldaten in Belet Huen waren ein wenig enttäuscht, Weihnachten nicht zu Hause sein. Aber in der Wüste wirklich in der Mitte von Nirgendwo – darauf zu warten, dass jene Soldaten eintreffen, die man versorgen soll, das zehrt am Einsatzwillen und an der Zufriedenheit mit dem einmal erwählten Beruf. Wir erlebten eine eindrucksvolle Vorweihnachtsfeier in der Hitze des Wüstensandes von Somalia. Nie klang in meinen Ohren das „Stille Nacht, Heilige Nacht" intensiver als im Versorgungszelt von Belet Huen zwei Tage vor dem Heiligen Abend.

Aus der Heimat hatten die Familien mittels der Bundeswehrpostauslieferung ihren Liebsten Pakete und Päckchen zukommen lassen. Das Bundeswehrradio Andernach lieferte Weihnachtsmusik und Grüße der Lieben aus der Heimat im O-Ton. Mancher Soldat kämpfte mit den Tränen.

Klaus Naumann fand den richtigen Ton in dieser angespannten Situation. Er dankte im Namen aller Daheimgebliebenen für den Dienst der Soldatinnen und Soldaten: „Zum ersten Mal seit 1944 verbringen deutsche Soldaten im Einsatz das Weihnachtsfest außerhalb der Heimat."

Es gehe darum, in dem bisher führungslosen ehemaligen Staatsgebilde Somalia mit Hilfe der UNO und eben auch mit Hilfe der deutschen Soldaten den Einheimischen wieder ein Leben in Frieden und mit Menschenwürde zu ermöglichen. Sie sollten helfen, die Tage der täglichen Kämpfe, des rechtlosen Zustandes zu beenden. Bedauerlicherweise ist dieser Kampf bis zum Jahr 2015 immer noch nicht gewonnen. Die Organisation Afrikanischer Staaten macht einen neuen Anlauf, dem Land wieder eine Struktur zu ermöglichen, mit Wahlen, Regierung, Gerichten, Polizei und Militär. Das Hauptziel ist es, ein geordnetes Miteinander wiederherzustellen. Keine einfache Aufgabe, wenn man bedenkt, dass in dem unruhigen, von Stammeskriegen immer wieder erschütterten Osten Afrikas andere Regeln gelten als in Europa oder in den USA.

Solche Einsätze von Anfang an miterlebt zu haben, schärft die Sinne für andere Traditionen, Kulturen, Religionsgeschichten. Das Modell westlicher Sozialstaatsdemokratien ist eben nicht 1 : 1 auf andere Länder und andere Kulturen übertragbar. Bedenkt man, wie lange es gedauert hat und wie viele Kriege geführt worden sind in Europa, bis wir zu dem wurden, was wir heute sind, nämlich zu einem Europa, das versucht, seine Konflikte friedlich zu lösen, dann erscheint es umso unwahrscheinlicher, dass unsere Wertvorstellungen Maßstab allen Handelns weltweit sein können. Genau diese Einstellung schwingt aber mit, wenn wir uns an Orten außerhalb des NATO-Bündnisgebietes engagieren und – mit oder ohne UN-Mandat – Soldaten, Entwicklungshelfer oder Diplomaten zusätzlich einsetzen, die kriegerische Auseinandersetzungen stoppen und anschließend staatliche Strukturen wieder aufbauen wollen. „Nation

Building", den Aufbau von staatlichen Strukturen, reklamieren Amerikaner wie Europäer als Begleitung für eine Vielzahl von militärischen Einsätzen der vergangenen 20 Jahre. Im Grunde gibt es bisher jedoch kein einziges Beispiel, wo das wirklich gelungen ist. Zwar vermochte der Einsatz von Militär das gegenseitige Morden an Kriegsschauplätzen teils vorübergehend, teils endgültig zu stoppen. Aber selbst der US-amerikanische Verteidigungsminister Donald Rumsfeld räumte am Ende seiner Amtszeit ein, dass die USA kulturell die Menschen sowohl im Irak als auch jene in Afghanistan viel zu wenig verstanden hätten.

Sein Berufsweg hat Klaus Naumann über den Generalinspekteur der Bundeswehr, also den obersten soldatischen Ratgeber der Politik in Deutschland, zum Vorsitz des Militärischen Komitees der NATO und in späteren Jahren in eine internationale Arbeitsgruppe gebracht. Diese hat nach allen Erfahrungen bis zur Jahrtausendwende die Idee von der „Responsibility to Protect" (R2P) formuliert: die Idee von der Verantwortung, Menschen in bedrohlichen Situationen zu schützen, seien es Minderheiten vor der Vertreibung, Gruppen vor ethnischen Säuberungen oder vor Völkermord. Und zwar selbst dann, wenn ein Land das als Einmischung in innere Angelegenheiten zurückweise. Die Erfahrungen von Somalia, Ex-Jugoslawien und Ruanda, das Versagen der Weltgemeinschaft standen Pate bei der Formulierung dieses Prinzips. Die Generalversammlung der Vereinten Nationen hat diesen Terminus mittlerweile akzeptiert. Libyen war ein wenn auch am Ende misslungenes Beispiel für diesen Gedanken: 2011 begann in Libyen ein Aufstand gegen den Diktator Muammar al-Gaddafi. Als dessen Militärmaschinerie mit gewaltigen

Luftstreitkräften den Widerstand zu brechen drohte und täglich Hunderte Menschen – Aufständische wie Zivilisten – starben, beschlossen einige Mitglieder der NATO, die Luftangriffe zu unterbinden. Mit einer UN-Resolution, die dies erlaubte, griffen sie die Luftwaffe Gaddafis an, um die Zivilisten zu schützen. Dieser Teil gelang, aber in der Folge entstand in Libyen ein erbitterter Krieg rivalisierender Fraktionen, der bis heute das Land im Bürgerkrieg hält. Die gut gemeinte Absicht, mit Waffengewalt weiteres Blutvergießen zu verhindern und einen Übergang zu einem neuen, friedlichen Libyen zu ermöglichen, scheiterte. Das Prinzip der „Verantwortung zu schützen" stieß dort an die Grenzen der Bereitschaft der Beteiligten, nicht nur aus der Luft zu helfen, sondern auch am Boden. Das will bis heute keiner von außen tun.

Sind also die Vereinten Nationen und besonders der Sicherheitsrat wirklich in der Lage, weltweit Frieden zu bewahren, wiederherzustellen oder zu schaffen?

Klaus Naumann, Mitverfasser des Papiers R2P, ist trotz dieses Versagens zuversichtlich, dass sich das Prinzip immer noch wird durchsetzen können: „Uns war völlig klar, dass wir einen Anstoß zu einer Neubewertung des Art. 2 der UN-Charta geliefert haben, die sich aber erst in 20 Jahren oder so auswirken wird."

Für Oskar Lafontaine war die Friedens- und Entspannungspolitik Willy Brandts ein wichtiger Grund gewesen, in die SPD einzutreten, und eine wichtige Richtschnur für sein politisches Agieren neben dem Anliegen der sozialen Gerechtigkeit. Das führte Oskar Lafontaine früh auf die Seite der NATO-Nachrüstungsgegner Anfang der 80er-Jahre. Damals war er noch Oberbürgermeister von Saarbrücken, aber schon über das kleine Saarland hinaus bekannt, da er im Widerspruch zum damaligen Bundeskanzler Helmut Schmidt in dieser Frage stand. Gemeinsam mit anderen linken Politikern in der SPD verweigerte Lafontaine dem Bundeskanzler nicht nur in der Frage der Nachrüstung die Gefolgschaft. Im Saarland stieg er 1985 zum Ministerpräsidenten auf und bestimmte immer wieder die Diskussion innerhalb der Sozialdemokratie. Nach seiner Wiederwahl im Januar 1990 machten die Sozialdemokraten Oskar Lafontaine zum Kanzlerkandidaten für die Bundestagswahl im Dezember 1990.

Am 25. April 1990 wurde Lafontaine bei einer Wahlkampfveranstaltung in der Köln-Mülheimer Stadthalle Opfer eines Attentats. Eine geistesverwirrte Frau hatte Lafontaine auf der Bühne mit einem Messer in den Hals gestochen und um Haaresbreite die Halsschlagader verfehlt. Lafontaine überlebte schwerverletzt und wurde zunächst in die Kölner Universitätskliniken eingeliefert. Wie sich später herausstellte, hatte die Frau eigentlich den anwesenden Ministerpräsidenten von Nordrhein-Westfalen, Johannes Rau, treffen wollen. Lafontaine erholte sich langsam, aber sicher. Es stellte sich heraus, dass das Attentat keine nachhaltigen bleibenden körperlichen Schäden hervorrufen werde. Er konnte sich bereits nach sieben Tagen aus den Kölner Universitätskliniken nach Hause verabschieden. Die psychischen Folgen des Attentats saßen tief. Mit einer längeren Pause erholte er sich im heimischen Saarbrücken.

Ich beschloss, ihn einmal aufzusuchen und mit ihm zu erörtern, wie es denn nun in den kommenden Jahren aus seiner Sicht weitergehen werde oder ob er gar erwäge, ganz aufzuhören. Vor allem war natürlich die Frage, wie denn der Wahlkampf nun weitergehen werde. Im Dezember sollten schließlich Bundestagswahlen stattfinden, die ersten gemeinsamen deutschen Wahlen nach dem für den 3. Oktober geplanten Termin der Vereinigung. Ich fuhr von Bonn aus mit dem Zug gen Saarbrücken, das bot Zeit, noch einmal die letzten turbulenten Monate Revue passieren zu lassen und sich so besser auf das Gespräch vorzubereiten. Nachdem ich in der kleinen Saarbrücker Staatskanzlei angekommen war, lautete seine zweite Frage nach der Begrüßung: „Was trinken wir denn?" Lafontaine schlug schließlich Champagner vor. Zwar schmerze das Trinken von Champagner immer noch ein wenig in seinem verletzten Hals; da man aber ja nun wirklich nicht wisse, wie lang man noch lebe, solle man das Leben eben genießen, solange es gehe. Gesagt, getan, eine Flasche Veuve Clicquot wurde geöffnet, und das Gespräch konnte beginnen.

Schnell wurde klar: Ans Aufhören dachte er überhaupt nicht. Obwohl er den Gedanken angesichts seiner dritten Ehe und des damals erst dreijährigen Sohnes Maurice ernsthaft ventiliert hatte. Aber dann siegte in ihm doch die Lust auf das Gestalten dieser sich gerade so drastisch verändernden Republik Westdeutschland in das neue Gesamtdeutschland. Daran wollte er gerne mitwirken, es so gestalten, dass dabei die Arbeitnehmer nicht unter die Räder kämen. Der katholisch erzogene Oskar Lafontaine, Jahrgang 1943, hat ein ausgeprägtes Verhältnis zu sozialer Gerechtigkeit, was auch an seiner persönlichen Herkunft liegen mag. Er kommt aus wirklich kleinen Verhältnissen und hat sich mit starkem Willen nach oben gearbeitet.

Die nach dem Attentat erzwungene Auszeit hatte er genutzt, soweit er wieder halbwegs fit war, um viel zu lesen, seine Arbeitsabläufe und damit seinen Tagesablauf neu zu organisieren. Bislang war er aufgrund seiner Doppelfunktion als Ministerpräsident und als Kanzlerkandidat von einem enormen Termindruck getrieben. Künftig, so berichtete er, werde er mindestens einen Tag im Monat mit gänzlich anderen Dingen als den Regierungs- und Parteigeschäften verbringen, sozusagen mindestens einen Tag pro Monat Auszeit vom Politikzirkus. Diese Ankündigung enthielt auch den dezenten Hinweis, wie viel er, Lafontaine, lese ganz im Unterschied zu seinem „Freund" Gerhard Schröder, von dem er bezweifle, dass der schon mal ein ganzes Buch seit seinem Studium gelesen habe. Mein Auge fiel auf einen eigentümlichen Telefonapparat auf seinem Schreibtisch: Auf die Frage, was das sei, erklärte er freudestrahlend, dies habe die Post ihm und Gerhard Schröder geschenkt. Es sei eine der ersten Ausgaben eines Bildtelefons. Aber benutzt hätten beide es bisher so gut wie nie.

Lafontaine war zu diesem Zeitpunkt wieder angriffslustig wie eh und je. Trotz seiner schwierigen Lage in der Partei vor den Bundestagswahlen wollte er nicht einfach klein beigeben. So populistisch er immer war, er wollte keineswegs sein politisches Programm den Meinungsumfragen anpassen, um damit mehr Prozentpunkte bei Wahlen gewinnen zu können. Diese Haltung mag auch aus seinen vielfältigen Wahlerfolgen gespeist worden sein. Er hatte die Idee eines friedlichen Deutschland in der Mitte Europas, im Inneren sozial gerecht gestaltet und fest verankert im Europa der damals zwölf Nationen auf dem Weg zu mehr Integration.

Aufgrund seines Zögerns, seiner Bedenken bei der deutschen Einheit hatte er allerdings große Schwierigkeiten, im Osten, zu punkten. In den neuen Ländern konnten sich die Union und die Freien Demokraten ungeniert auf die gewendeten alten Blockparteien stützen. Der Einheitskanzler Helmut Kohl versprach „blühende Landschaften" im Osten und die Menschen dort waren mehr als bereit, daran zu glauben. So verlor Lafontaine die Bundestagswahl; Helmut Kohl, vor dem Fall der Mauer noch im Umfragetief im Westen, erklomm neue Höhen der Popularität und ging als Sieger aus der ersten gesamtdeutschen Wahl hervor. Für Oskar Lafontaine eine herbe Enttäuschung. Wieder einmal ging er auf Tauchstation und verweigerte das Ansinnen, Parteivorsitzender zu werden.

Björn Engholm übernahm. Er setzte immerhin ein Ja der Sozialdemokraten zu den Maastricht-Verträgen der EU für eine Wirtschafts- und Währungsunion durch, korrigierte den Asylkurs der Partei und akzeptierte die neuen Aufgaben der Bundeswehr angesichts der größer gewordenen Verantwortung Deutschlands in der Welt.

Engholm hielt sich aber nicht lange, weil ihn ein Skandal aus Schleswig-Holstein einholte, der seine Glaubwürdigkeit erheblich beschädigte und ihn 1993 zum Rücktritt zwang.

So kam es schließlich zur erstmaligen quasi Direktwahl durch die Parteimitglieder eines sozialdemokratischen Vorsitzenden. Kandidaten waren Heidemarie Wieczorek-Zeul, Rudolph Scharping und Gerhard Schröder. Bekanntermaßen gewann diese Wahl der rheinland-pfälzische Ministerpräsident Scharping. Er kandidierte 1994 bei den Bundestagswahlen, verlor, wechselte als Oppositionsführer in den Bonner Bundestag. Sein Ziel war es, die nächste Bundestagswahl zu gewinnen, doch dazu kam es dann nicht mehr.

Im Mai 1995 nahmen sich fünf Bonner Kollegen vor, beim größten NATO-Alliierten, den USA, herauszufinden, was denn nun aus deren Sicht aus der NATO-Ost-Erweiterung werden solle. Uns war klar, dass bei aller Diskussion über neue Mitglieder die USA ein sehr entscheidendes Wort zu sprechen hätten, letztendlich ging es doch dabei auch immer um die Ausweitung des atomaren Schutzschildes über diese neuen Mitgliedsstaaten. (Die fünf Kollegen waren Charisma Reinhard, Frankfurter Rundschau, Stefan Kornelius, Süddeutsche Zeitung, Christoph Mestmacher, Norddeutscher Rundfunk, Rainer Pörtner, Spiegel, und ich.) Die US-Botschaft in Bonn hatte uns bei der Vermittlung von Terminen im Außenministerium und im Weißen Haus, sprich im National Security Council (NSC), geholfen. So lernten wir damals Alexander Vershbow kennen, der sich im NSC für die Erweiterung einsetzte und später Botschafter bei der NATO und in Moskau wurde. Wir trafen Richard Holbrooke, damals Europa-Staatssekretär im Außenministerium, der uns klarmachte, dass kein Weg an der NATO-Osterweiterung vorbeiführen werde. Die früheren Mitglieder des Warschauer Paktes hätten ein Anrecht darauf, Mitglied der Militärallianz des freien Westens zu werden, erhofften sie sich doch davon Sicherheit vor den Russen, ihren einstigen Unterdrückern. Holbrooke, 1993 für neun Monate Botschafter der USA in Bonn, war eben dabei, die Fäden im Bosnien-Krieg vielleicht so zu entwirren, dass ein Friedensplan daraus werden könnte. Er kannte die europäische Diskussion mit Pro und Contra um die NATO-Osterweiterung sehr gut. Auf allen Seiten des Kongresses gab es überwiegend Befürworter, und selbst im Pentagon, dem Verteidigungsministerium, gab es Ermunterung für die Antragsteller. Dabei handelte es sich damals zunächst um Polen, die Tschechische Republik und Ungarn. Auf deutscher Seite hatte der damalige Verteidigungsminister Volker Rühe schon früh für einen Beitritt jener Länder geworben, die Mitglied werden wollten. Umstritten war immer wieder, welches Echo die Erweiterung vor allem in Russland haben werde. Aus Moskau waren immer wieder Warnungen vor einer Einkreisung des Landes durch die NATO zu hören, die ihr Echo auch in der deutschen Innenpolitik fanden. Aus Sicht der

Experten war zu klären, ob die Beitritte neue Probleme in die NATO bringen würden. Zu denken sei zum Beispiel an das Verhältnis zwischen Griechen und Türken, die immer wieder in Streit über Inseln im Ägäischen Meer gerieten, von dem Streit um Zypern ganz zu schweigen. Niemand wollte sich unfriedliche Nachbarn in die NATO holen, und niemand wollte Mitglieder aufnehmen, die das Militär noch nicht unter strikte politische Kontrolle gestellt hatten. Dies alles und noch viel mehr Fakten galt es zu beachten, wenn man ein endgültiges Urteil über die Beitrittskandidaten fällen wollte.

General Harald Kujat war damals Chef der militärpolitischen Abteilung im Bonner Ministerium. Er beurteilt heute im Rückblick den gesamten Prozess so: „Im Grunde hat die NATO das gemacht, was der Wiener Kongress 1815 gemacht hat: Sie hat die sicherheitspolitische Landschaft, die geostrategische Landschaft neu gestaltet. Zunächst gab es keine klaren Kriterien für die Aufnahme. So entwickelten wir Maßstäbe: Zum Beispiel muss ein neues Mitgliedsland einen Zugewinn an Sicherheit bringen. Wir importieren keine Konflikte, deshalb kann auch die Ukraine niemals Mitglied der NATO werden." Auf dieser Basis wurde mit den Anwärtern verhandelt, und aus der NATO mit 15 wurde über zwei Jahrzehnte eine mit 28 Mitgliedern. Zumindest für die Mitglieder ist die Sicherheit gestiegen und die Aussicht, in Frieden zu leben. Das allein wird aber in all den 28 Ländern noch keine friedliche Situation auf Dauer schaffen.

Auch ein Jahr nach der verlorenen Bundestagswahl 1994 gab es insgeheim großen Unmut über die Amtsführung des Partei- und Fraktionsvorsitzenden. Die Partei im Umfragetief und der Amtsinhaber Rudolf

Scharping immer noch angeschlagen nach dem Verlust der Wahl im Jahr 1994 und im Unfrieden mit der Partei, zumindest mit Teilen. Die Sozialdemokratie schien außer Tritt, und der stellvertretende SPD-Vorsitzende Oskar Lafontaine hatte im Gespräch mit Johannes Rau und Rudolf Scharping versucht zu erörtern, ob man die Aufgaben Fraktionsvorsitz, Parteivorsitz, Kanzlerkandidatur 1998 nicht neu aufteilen könne: Bei einem Abendessen in seinem Haus in Saarbrücken wurde das durchgesprochen, aber weder Scharping noch Rau wollten einer solchen Lösung zustimmen.

So begann der Parteitag im November 1995 in Mannheim in einer wirklich schlechten Stimmungslage für die Sozialdemokraten. Für die Wiederwahl des Parteivorsitzenden gab es nur einen Kandidaten bis zum Abend des ersten Tages: Rudolf Scharping.

Der hielt einen Rechenschaftsbericht zu Beginn des Parteitages in einer Inszenierung, die seine Schwierigkeiten geradezu bildlich deutlich machte: Allein auf der großen Bühne am Rednerpult, trug er seine Bilanz des vergangenen Jahres mit der verlorenen Bundestagswahl vor und rief die Partei zum Kämpfen auf. Doch klang die Rede eher wie Pfeifen im Walde. Fast konnte einem der Parteivorsitzende ob der misslungenen Inszenierung leidtun.

Am späten Nachmittag sprach dann der stellvertretende Parteivorsitzende Oskar Lafontaine. Rhetorisch wie immer brillant, brannte er ein Feuerwerk von Argumenten ab, wie nach seiner Meinung die Sozialdemokratie wieder mehrheitsfähig im Bund werden könne. Die Rede gipfelte schließlich in dem Satz: „Nur wer selbst von einer Idee überzeugt ist, wird andere auch begeistern können." Lafontaine erntete Riesenapplaus. Die Delegierten erhoben sich von ihren Stühlen, eine Welle der Zustimmung wogte durch den Saal in Mannheim. Das war eine Rede, die endlich wieder Schwung in die Partei zu bringen schien. Ich kann mich gut erinnern, dass ich damals in meinen Bericht für die 19.00-Uhr-heute-Sendung den Satz einfügte: „So redet eigentlich ein Parteivorsitzender." Doch zu diesem Zeitpunkt hatte Lafontaine seine Kandidatur noch nicht erklärt. Die Gerüchteküche begann zu brodeln. In den Hotels der Stadt, die die Delegierten bevölkerten, trafen sich Landesverbände und Arbeitsgemeinschaften, um zu beratschlagen, wie nun zu verfahren sei. Nach dem Motto „Augen zu und durch" Rudolph Scharping wiederzuwählen? Damit konnten sich zunehmend weniger Genossen anfreunden. Und deutlich war der Unterschied nicht nur im Temperament, sondern auch in der Programmatik zwischen den beiden Spitzengenossen spürbar gewesen an diesem Tag. Zu später Stunde, so ließ sich dann am nächsten Tag rekonstruieren, kam Scharping zu Lafontaine und forderte ihn auf zu kandidieren. Zwei Kandidaten für das Amt des Vorsitzenden der traditionsreichen Partei in Deutschland, wann hatte es das schon mal gegeben? In der Nachkriegszeit jedenfalls nicht. Oskar Lafontaine gewann mit dem Vorsprung von 321 Delegiertenstimmen gegen Rudolf Scharping, der 190 Stimmen bekam. In der ersten Sekunde war es wie ein Schock, als den Delegierten klar wurde, dass sie gerade den Spitzenkandidaten der letzten Bundestagswahl und Parteivorsitzenden wirklich abgestraft hatten.

Auf der Bühne saßen die Vorstandsmitglieder: Ein fast versteinerter Johannes Rau gratulierte widerstrebend dem neuen Vorsitzenden, ein zutiefst getroffener Rudolf Scharping, der damit nicht gerechnet hatte, auch nicht, nachdem er selbst Lafontaine zur Kandidatur aufgefordert hatte.

Wie zum Trost spendierten die Delegierten anschließend dem neuen stellvertretenden Vorsitzenden Scharping ein Wahlergebnis von 93,2 %. Doch wirklich heilen konnte dies Ergebnis die gerade geschlagene Wunde nicht. Das brachten am besten die Worte Scharpings nach dem Wahldebakel zum Ausdruck: „Oskar, manches hat bitter wehgetan. Aber wir müssen die Kraft finden, die Schmerzen der Vergangenheit hinter uns zu lassen. Denn wir haben eine Aufgabe, die wichtiger ist als wir selbst."

Der Mannheimer Parteitag der SPD wird bis heute in der Erinnerung vieler Sozialdemokraten und Berichterstatter unvergessen geblieben sein.

Zweifellos war die Partei mit der Wahl Lafontaines ein Stück nach links gerückt, eine Position, die nicht allen in der Partei gefiel, aber die waren offensichtlich in der Minderheit. Für die Außen- und Sicherheitspolitik hieß das aus der Sicht vieler, dass die Sozialdemokraten sehr zurückhaltend sein würden, was den Einsatz der Bundeswehr im Ausland angeht. Entwicklungspolitik und Entspannungspolitik im Geiste Willy Brandts waren nun wieder stärker im Fokus. Beides zusammen sei Friedenspolitik. Oskar Lafontaine, der sich im Grunde als wahrer Erbe der Brandt'schen Ost- und Entspannungspolitik fühlte, wollte das auch in der kommenden Zeit deutlich machen.

Entscheidend für die nächste Bundestagswahl war nun, so schnell wie möglich wieder innerparteilichen Frieden herzustellen. Rudolf Scharping blieb Fraktionsvorsitzender im Bundestag. Die Bedeutung des neuen Parteivorsitzenden Oskar Lafontaine stieg dadurch, dass er als saarländischer Ministerpräsident im Bundesrat bei jenen Gesetzen, die die Zustimmung des Bundesrates brauchten, eine Mehrheit gegen die Bonner Regierung mobilisieren konnte. Und er machte davon auch taktisch Gebrauch. Die Außen- und Sicherheitspolitik wurde in jenen Jahren vor allem vom zu Ende gehenden Krieg auf dem Balkan bestimmt. Dank des US-amerikanischen Drucks war es US-Diplomat Richard Holbrooke gelungen, die Kriegsparteien Serbien, Bosnien und den Herzegowina sowie Kroatien an den Verhandlungstisch zu bringen. Richard Holbrooke, unterstützt unter anderem vom deutschen Diplomaten Wolfgang Ischinger und Vertretern aus Großbritannien, Frankreich, erzwang Ende 1995 einen Friedensschluss. Der Dayton-Vertrag wurde unterschrieben. Er sah eine Aufteilung des nun selbstständigen Staates Bosnien und Herzegowina zwischen den Serben in der Republik Srpska und der Föderation von bosnischen Muslimen und bosnischen Kroaten vor.

57 000 Soldaten der vom UN-Sicherheitsrat gebilligten „Implementation Force" aus 16 NATO- und 17 Nicht-NATO-Länder einschließlich russischer und ukrainischer Einheiten überwachten den Waffenstillstand, die Entflechtung der Linien und die Entwaffnung der Krieg führenden Parteien. Mehr als 100 000 Menschen waren ums Leben gekommen, bis dieser brüchige Friede zustande kam. Die Bundeswehr beteiligte sich ab 1996 mit 2600 Soldaten an dieser Aktion.

Beim Beschluss des Bundestages über den Bosnien-Einsatz stimmten 100 von 252 sozialdemokratischen Abgeordneten dagegen, und zwar trotz der Tatsache, dass dem Einsatz das Mandat des UN-Sicherheitsrates zugrunde lag. Einer der Gründe war damals, dass man in eine solche Situation keine deutschen Soldaten entsenden wolle. Zu frisch seien auf dem Balkan noch die Erinnerungen, die der Zweite Weltkrieg hinterlassen habe. Bei manchen der Abgeordneten – und das gilt ebenso für die Grünen, die dagegen stimmten – spielte sicher auch ihre pazifistische Grundeinstellung eine Rolle. Obwohl es um Friedenssicherung und -erhaltung ging, war ihnen der Einsatz der Bundeswehr nicht geheuer. Friedlich ist es im Großen und Ganzen in Bosnien und Herzegowina geblieben in den letzten 20 Jahren. Aber nach wie vor stehen ausländische Soldaten in Bosnien, mittlerweile in viel kleinerer Zahl und von der Europäischen Union entsandt.

Friedlich heißt jedoch nur, dass die Waffen schweigen. Sozialer Unfriede, mangelnde wirtschaftliche Entwicklung, große Differenzen zwischen den einzelnen Volksgruppen kennzeichnen immer noch die Situation im Lande. Wahrer Frieden sieht anders aus, es sieht eher aus wie ein erzwungener Frieden; von Aussöhnung zwischen den Volksgruppen ist man noch weit entfernt, aber immerhin hat das Morden aufgehört.

Gerhard Schröder, geboren 1943, der über den zweiten Bildungsweg zum Rechtsanwalt aufgestiegen war, hatte schon immer eine große Leidenschaft für die Politik. 1963 in die SPD eingetreten, war er bald Vorstandsmitglied der Jungsozialisten. Der Aufsteiger Schröder wollte gestalten und nicht nur einfach als Jurist, der er später wurde, Karriere machen. Ihn motivierte immer ein doppelter Friedensbegriff: Der soziale Friede war ihm sehr wichtig, der Menschen wie ihm den sozialen Aufstieg und Beschäftigungsmöglichkeiten bot, die seine Mutter ihm nicht hatte bieten können. Und der Friede zwischen den Völkern war ihm genauso wichtig, hatte er doch seinen Vater nie kennengelernt, der im Zweiten Weltkrieg gefallen war.

Früh war Schröder bewusst geworden, dass er enorme rhetorische Fähigkeiten besaß. So arbeitete er sich vor in höhere politische Ebenen und gelangte 1980 in den Bundestag. 1986 wurde er Spitzenkandidat seiner Partei für die Landtagswahl in Niedersachsen, verlor, gewann aber 1990 beim zweiten Anlauf und führte eine rotgrüne Koalition in Hannover.

Als einziger Sozialdemokrat, der gut mit der Wirtschaft konnte und gleichzeitig ein gutes Arbeitsverhältnis zu den Grünen aufgebaut hatte, gewann er bundespolitische Bedeutung. 1994 und 1998 wiederholte er seine Wahlsiege in Niedersachsen. Er konnte sogar mit absoluter Mehrheit regieren und erhielt deswegen vom Parteivorsitzenden Lafontaine die Zusage, 1998 Kanzlerkandidat zu werden. So errangen sie gemeinsam den Wahlsieg im September 1998 und standen vor der Aufgabe, eine rot-grüne Koalition bilden zu können. Die Ära Kohl war zu Ende.

Lafontaine und Schröder hatten jenseits persönlicher und politischer Antipathien und Vorbehalte ein gemeinsames Ziel erreicht. Doch diese Gemeinsamkeit ließ sich nicht unbegrenzt fortsetzen. Das zeigte sich schon in Saarbrücken beim SPD-Europa-Parteitag im Dezember 1998 vor den Wahlen zum Europäischen Parlament. Der gerade ins Amt gewählte Bundeskanzler Gerhard Schröder wetterte in der Hauptrede des Parteitages gegen Brüssel, wo das Geld des deutschen Steuerzahlers „verbraten" werde. Das versetzte die EU-Kandidaten fast in Schockstarre. Sie erhofften einen ähnlichen Wahlsieg wie bei den Bundestagswahlen und waren nun mit dieser kritischen Äußerung ihres Kanzlers überhaupt nicht einverstanden. Intern hatten sie schon gestöhnt über die Tatsache, dass die Bonner Baracke, wie die SPD-Zentrale genannt wurde, für den Europawahlkampf nur halb so viel Geld lockermachen wollte wie für den Bundestagswahlkampf. Bei den anderen Parteien war das zwar auch nicht anders, aber ernüchternd wirkte schon, wie stiefmütterlich die europäische Ebene behandelt wurde. Auch Schröders Rede empfanden sie nicht gerade als flammende Unterstützung für ihren Wahlkampf. Letztlich spiegelt das ja ein wenig das Misstrauen der Parteispitze wider, das gegen die Brüsseler Politik bestand. Europa – ein Friedensprojekt? Ja, natürlich, nur kosten durfte es nicht all zu viel. Mühsam konnte Schröder seinen Faux-pas im Laufe der Zeit wieder ausmerzen. Und er lernte, dass der Einigungsprozess Europas für Deutschland als das größte Mitglied mehr kostet als für viele andere Mitgliedsstaaten. Ganz vergessen machen konnte er den Satz von Saarbrücken dennoch nie. Er verfügte nicht über den Enthusiasmus für Europa wie sein Vorgänger Helmut Kohl, der noch als Vorsitzender der Jungen Union Schlagbäume an der deutsch-französischen Grenze eingerissen hatte. Aber erstaunlicherweise verstand er sich trotzdem nach kurzer Zeit mit Frankreichs konservativem Staatspräsidenten Jacques Chirac ausgezeichnet. Das förderte die deutsche Kompromissfähigkeit und -willigkeit. Ein sehr wichtiger Faktor ist die Zusammenarbeit der beiden Länder, die bis heute immer wieder als der Motor der Europäischen Union bezeichnet werden. Angesichts der deutsch-französischen Geschichte und Gegenwart bleibt nach wie vor nicht nur in Frankreich bedeutsam, dass die Deutschen nicht dominieren.

Andere Erfolge, wie die Umsteuerung der Agrarpolitik auf mehr umweltbewussten Anbau einschließlich der Prämien für Flächenstilllegungen, eine neue Architektur der Europäischen Union, zeigten später, dass die Regierung Schröder/Fischer dies Thema in den Griff bekam dank der Hilfe der eingespielten Beamtenscharen in Brüssel, Berlin und andernorts.

Der 11. März 1999 war kein Tag wie jeder andere. Die BILD-Zeitung schreckte die Bonner Journalisten am Morgen mit der Meldung auf, Bundeskanzler Gerhard Schröder habe in der Kabinettssitzung am Vortag erklärt, eine wirtschaftsfeindliche Politik „sei mit ihm nicht zu machen". Diese Aussage wurde von vielen als Kritik am SPD-Vorsitzenden und Bundesfinanzminister Oskar Lafontaine verstanden. Am späten Nachmittag dann erschütterte eine Eilmeldung der Nachrichtenagenturen das politische Bonn und die Republik: Oskar Lafontaine trat vom Amt des Bundesfinanzministers zurück, legte sein Amt als Vorsitzender der SPD und sein Bundestagsmandat mit sofortiger Wirkung nieder. Hektik nur wenige Stunden vor den Hauptnachrichtensendungen des Abends im ZDF. Eine Sondersendung um 19.25 Uhr wurde beschlossen. Viele Telefonate zu Bekannten und Vertrauten in Oskar Lafontaines Umgebung: Ergebnis: Weder war er für eine Stellungnahme erreichbar, noch war er willens, irgendetwas zu erklären. Er hatte sich einfach in seinen Dienstwagen gesetzt und nach Hause ins Saarland fahren lassen. Dort ging aber auch niemand ans Telefon, und Kamerateams, die vor dem Haus warteten, bekamen den Politflüchtling nicht zu Gesicht.

Lafontaine, Architekt der rot-grünen Koalition neben Joschka Fischer, war verschwunden. Gleich schossen Spekulationen ins Kraut, damit werde auch die ganze Koalition schon wieder zu Ende sein, kaum dass sie begonnen hatte.

Ende des Jahres 1999 beschrieb Oskar Lafontaine dann in seinem Buch „Das Herz schlägt links", dass er ursprünglich vorgehabt hatte, nach der Wahl Johannes Raus zum Bundespräsidenten – am 23. Mai 1999 – zurückzutreten. Seine Begründung wäre gewesen: „Ich habe den Auftrag des Mannheimer Parteitages erfüllt, die Sozialdemokraten wieder an die Macht zu bringen."

Unausgesprochen blieb die Aufforderung an die Partei: Nun seht mal zu ...

Lafontaine kritisierte die fehlende Koordination der Regierungsarbeit, Absprachen würden nicht eingehalten, und Teamgeist sei schlicht nicht vorhanden. All diese Vorwürfe zielten natürlich auf Gerhard Schröder und seinen Kanzleramtsminister Bodo Hombach.

Im Einzelnen war Lafontaine auch vom schnellen Abgleiten der Grünen in die Sphären der Machtpolitik enttäuscht. Zu schnell hatten sich die Grünen seiner Ansicht nach in Fragen des Atomausstiegs kompromissbereit gezeigt, zu schnell sei Joschka Fischer in den Bann der US-amerikanischen Außenministerin Madeleine Albright geraten und tappe ihr hinterher, sich bemühend, die NATO-Bündnispolitik nicht zu gefährden. Oskar Lafontaine störte das sehr, hatte er doch immer den Friedenswillen, das gesunde Misstrauen der Grünen gegen das Militär und militärische Lösungsansätze bei internationalen Problemen als einen wichtigen Grundstein für die rot-grüne Koalition angesehen. Innerhalb seiner eigenen Partei, der Sozialdemokraten, war die Gruppe derjenigen, die Militär als allerletztes Mittel der Politik betrachteten, nicht mehr ganz so groß, wie sie vielleicht unmittelbar nach dem Ende des Zweiten Weltkrieges gewesen war.

Immerhin, nicht von ungefähr arbeitet heute Joschka Fischers Beratungsgesellschaft „Joschka Fischer & Company" mit Sitz in Berlin zusammen mit der Beratungsgesellschaft von Madeleine Albright, „Albright Stonebridge Group" mit Sitz in Washington, D. C.

Die resolute Amerikanerin mit tschechischem Geburtsort dürfte Fischer beim Einstieg in das weltweite Beratungsgeschäft geholfen haben. So kann Fischer heute werben und politisch antichambrieren für Firmen wie REWE, BMW und andere.

Zeitenwende: Krieg in Europa, Anschlag in Amerika

Bujar Bukoshi
Antje Vollmer
Madeleine Albright
Javier Solana
Johann Georg Dora
Harald Kujat
Wilhelm Schönfelder

Ob die Sichtweise Lafontaines auf das Einknicken der Grünen in manchen Punkten, wie er es sah, wirklich stichhaltig ist, sei dahingestellt. Nimmt man zum Beispiel das Thema Außenpolitik und das Kosovo, so sah sich die rot-grüne Koalition im Herbst 1998 bei den Koalitionsverhandlungen vor vollendete Tatsachen gestellt. In deren Rahmen kam es am 12. Oktober 1998 zu einem denkwürdigen Treffen von Bundeskanzler Helmut Kohl, Außenminister Klaus Kinkel, FDP, Verteidigungsminister Volker Rühe, CDU, den Fraktionsvorsitzenden der CDU/CSU und FDP sowie dem außenpolitischen Berater des Kanzlers, Joachim Bitterlich, von Seiten der alten Regierung. Auf Seiten der rot-grünen Koalition in Bildung nahmen Oskar Lafontaine, Gerhard Schröder, Günter Verheugen und Joschka Fischer teil. Als sie nach anderthalb Stunden aus dem Kanzleramt zurück in die nordrhein-westfälische Landesvertretung kamen, unmittelbar neben dem Bonner Kanzleramt, das damals als logistische Basis für die Koalitionsverhandlungen diente, machten sie betretene Gesichter und schwiegen sich beharrlich aus.

Im Verlauf der nächsten Tage war in höchst vertraulichen Gesprächen herauszubekommen, dass Kohl ihnen klargemacht hatte: In Sachen Kosovo und Beteiligung an möglichen militärischen Maßnahmen sei die alte Regierung bei Bill Clinton im Wort. Dieselbe Politik erwarte nun die US-amerikanische Regierung auch von der neuen.

Heute lässt sich rekonstruieren, dass aufgrund des zu erwartenden Wahlergebnisses der Diplomat Wolfgang Ischinger, zu jener Zeit politischer Direktor des Auswärtigen Amtes, bereits vor den Wahlen Joschka Fischer kontinuierlich über den Stand der Dinge informiert hatte.

Fischer galt ja bereits vor der Wahl als Anwärter auf den Posten des Außenministers. So kann er eigentlich nicht wirklich überrascht über das gewesen sein, was da auf die noch zu bildende Koalition zukam.

Zwar wurde seitens des Westens immer noch auf Verhandlungen in Rambouillet bei Paris gesetzt. Aber für den nicht unwahrscheinlichen Fall, dass diese schiefgehen sollten, waren klare Verabredungen und Planungen in der NATO vorbereitet. Man wollte zunächst mit einer Luftkampagne den serbischen Truppen, der Massenvertreibung und den Morden an Kosovo-Albanern ein Ende machen. Im Herbst 1998 wurde der NATO-Oberbefehlshaber vorsorglich dazu ermächtigt; „Activation Accord" hieß das Verfahren. Damit sollte auch den laufenden Verhandlungen des US-Unterhändlers Richard Holbrooke mit Serbiens Präsident Slobodan Milošević Nachdruck verliehen werden. Bereits am 16. Oktober stimmte der alte Bundestag in einer Sondersitzung einem potenziellen Einsatz von Bundeswehrsoldaten in diesem Szenario zu. Die erste von vielen Entscheidungen und eine zentrale für diese Koalition, die den Grünen und auch Teilen der Sozialdemokratie nicht leichtfiel. Niemand wollte aber in dieser frühen Phase das zarte Pflänzchen Rot-Grün schon austrocknen, ehe es überhaupt angefangen hatte zu wachsen. Allen Beteiligten war klar, dass es hier um eine Frage von Krieg und Frieden ging. Viele zweifelten aber, dass der Frieden mit Waffen zu gewinnen sei.

Auch Gerhard Schröder hatte das erfahren, als er noch vor Übernahme der Regierungsgeschäfte am 9. Oktober für einen Tag nach Washington flog, um sich in der US-Regierung unter anderem zu diesem Punkt umzuhören und ansonsten für die neue Koalition zu werben, der gegenüber die Amerikaner mächtige Bedenken zu haben schienen. Zu dem Zeitpunkt erweckte Präsident Clinton bei Schröder den Eindruck, man habe noch ein wenig Zeit und könne mit endgültigen NATO-Entscheidungen warten, bis die neue Regierung in Bonn im Amt sei. Dennoch war die Botschaft: Pacta sunt servanda; die Abmachungen sind so, dass man da als neue Regierung nicht mehr rauskommt.

Für Gerhard Schröder wie für Joschka Fischer spielte eine wichtige Rolle, dass das Ja oder Nein zum NATO-Einsatz einschließlich deutscher Truppen zum Kriterium für die Regierungsfähigkeit der rot-grünen Koalition und ihrer Reputation im NATO-Bündnis werden würde.

In seiner Biografie bemäntelt Schröder das mit der Aussage: „Im Grunde mussten wir mit der Kosovo-Entscheidung in der Außenpolitik das nachholen, was in den 90er-Jahren von den Konservativen versäumt worden war. Da ist nicht reflektiert worden, was auf dieses vereinigte Deutschland an neuen Verpflichtungen zukommen würde" *(Gerhard Schröder: Entscheidungen. Mein Leben in der Politik, Hoffmann und Campe, 2006, Seite 84).*

Das verharmlost ein wenig die Zwänge, in denen gerade diese neue Bundesregierung steckte. Und es beschönigt, dass vor allem die Sozialdemokraten große Probleme damit hatten, Soldaten wieder als ein Mittel der internationalen Politik zu betrachten. Nicht genannt wird, dass erst recht bei den Grünen eine tiefe Abneigung gegen die NATO und gegen die militärischen Lösungen solcher Konflikte vorhanden war und dies auch in grünen Parteiprogrammen festgeschrieben war. Zuletzt hatte noch beim Magdeburger Wahlparteitag der Grünen im März 1998 eine knappe Mehrheit die Verlängerung des Mandates für die deutschen Soldaten in Bosnien-Herzegowina abgelehnt. Wenige Monate später wurde der Beschluss allerdings revidiert im Interesse einer besseren Wahlkampfführung.

Umso härter musste dann Außenminister Joschka Fischer gegenüber seiner eigenen Partei argumentieren, als er auf dem wegen der Farbbeutelattacke berühmt gewordenen Bielefelder Parteitag von 1999 die Zustimmung zur Entscheidung der Bundesregierung in Sachen Kosovo und Beteiligung an der NATO-Aktion einforderte.

Fischers Argument damals: „Nie wieder Krieg" sei Leitmotiv seines Lebens und seiner politischen Tätigkeit. Und er fügte hinzu, genauso gelte: „Nie wieder Auschwitz". Damit rückte er die Aktionen der Serben gegen die Kosovo-Albaner in die Nähe des nationalsozialistischen Genozids an den Juden. Eine Argumentation, die viel Ablehnung weit über die Grenzen der Grünen-Partei hinaus hervorrief.

Es hatte zahllose Reibereien seit dem Start der rotgrünen Koalition zwischen Oskar Lafontaine und Gerhard Schröder, dem Kanzler, gegeben. Lafontaine hatte seine Wirtschaftspolitik mal mit dem schönen Satz beschrieben: „Autos kaufen keine Autos." Das sollte sagen, man dürfe die Industrie nicht vollkommen automatisieren. Ohne Arbeitsplätze, Lohn und Kaufkraft für die Breite der Bevölkerung könne die Wirtschaft nicht florieren. Schröder hatte in den ersten Monaten der Koalition bewusst Maßnahmen durchgesetzt, die die Arbeitnehmer im Arbeitsprozess und gegenüber ihren Tarifpartnern, den Arbeitgebern, stärken sollten. Den Arbeitgebern gefiel das natürlich gar nicht. Sie boten alle Möglichkeiten auf, gegen diese ungeliebte Bonner Koalition zu kämpfen.

„Mannschaftsspiel verlangt, dass man Rücksicht aufeinander nimmt und dass man auch zueinandersteht – auch in der Öffentlichkeit – und dass Teamgeist die Regierungsarbeit bestimmt", klagte Lafontaine im Nachhinein zur Begründung seines Aufstiegs *(Oskar Lafontaine: „Das Herz schlägt links, ECON, 1999, Seite 143).*
Fischer entgegnete Lafontaine einmal bei diesem Vorhalt, er merke nichts von schlechtem Mannschaftsspiel. Das veranlasste Oskar Lafontaine, zu unterstellen, Fischer merke nur, wenn es gegen ihn gehe, aber nicht, wenn sich Angriffe gegen andere richteten, wie in der Anfangszeit vor allem gegen Jürgen Trittin, den Umweltminister.

Grundsätzlich sind von den Politikern niedergeschriebene Erinnerungen mit größter Vorsicht zu genießen. Meistens geht es um den Platz im Geschichtsbuch, wie sie ihn für sich selbst gerne reklamieren. Ein wundervolles Beispiel dafür ist die unterschiedliche Darstellung zum Eintritt Deutschlands in den Kosovo-Krieg. Während Lafontaine behauptet, er habe im Kabinett darauf hingewirkt, dass vor einem Kriegsbeginn noch einmal ein Kabinettsbeschluss stehen müsse, um jeglicher Automatik vorzubeugen, schreibt Schröder, er habe nie wirklich von den Bedenken Lafontaines in der Kosovo-

Kriegsfrage gehört und erfahren. Fischer erinnert sich dagegen daran, dass es zu einer grundsätzlichen Aussprache in dieser Frage gekommen sei. Dabei werden zweifellos die Unterschiede und die Zwänge eine Rolle gespielt haben, in denen die neue Koalition sich schon wiederfand, bevor sie begonnen hatte zu regieren.

In Kenntnis der drei Personen liegt die Wahrheit wohl in der Mitte. Unstrittig scheint zu sein, dass es eine Befassung des Bundessicherheitsrates gab, dem alle drei, Fischer, Lafontaine und Schröder, angehörten. Entschieden werden konnte da ohnehin nichts anderes als die Teilnahme der Deutschen nach all den Vorfestlegungen, die es bereits vorher gegeben hatte.

Am 23. März 1999 fand im West-Berliner Hotel Interkontinental der EU-Gipfel statt. Ziel war es, unter deutscher Präsidentschaft einen neuen 5-Jahres-Haushalt für die Europäische Union auszuhandeln. Die gerade mal fünf Monate im Amt befindliche rot-grüne Koalition – noch in Bonn – hatte die Aufgabe, die zwölf Mitgliedsstaaten zu einem Kompromiss zu führen. Ein schwieriges Unterfangen zwischen den agrarpolitischen Vorstellungen der Franzosen, den strukturpolitischen Wünschen der Südeuropäer wie Spanien und Portugal und dem Willen aller, nicht zu viel Geld in den Gemeinschaftshaushalt einzahlen zu müssen. Und über allem schwebte die vollkommen verfahrene Situation um das Kosovo und den dort tobenden, nicht erklärten Krieg zwischen Serben und den Kosovo-Albanern in Gestalt der militärischen UCK, die um die Vorherrschaft in der serbischen Provinz Kosovo rangen. Unter den Augen der Weltöffentlichkeit vollzog sich der Exodus von Zehntausenden Kosovo-Albaner in die Nachbarländer Albanien, Mazedonien, Griechenland, aber auch nach

Österreich, nach Deutschland und in die Schweiz. Ab 1989 hatte Slobodan Milošević alle Sonderrechte der Kosovo-Albaner in der Provinz Serbiens Stück für Stück abgebaut. Es gab eine kulturelle Autonomie mit Schulen und einer Universität in albanischer Sprache und ein gewisses Maß an Selbstverwaltung. In Kosovo Polje hielt er am 600. Jahrestag der serbischen Niederlage 1389 eine flammende Rede, die die serbische Niederlage gegen das Osmanische Reich damals in die Geburtsstunde des serbischen Volkes ummünzte. Selten findet man in der europäischen Geschichte ein Volk, das seine Identität mit einer Niederlage beginnt. Die Vorstellung von der Größe Serbiens ist aufs Engste verflochten mit der Schlacht auf dem Amselfeld von damals. Bis heute findet man diese Geschichte in vielen Köpfen serbischer Menschen. Danach begann der Abbau der vor allem kulturellen und sprachlichen Sonderrechte, die die Kosovo-Albaner bis dahin in der Republik Jugoslawien erhalten hatten. Kosovo-Albaner verloren ihre Arbeit im öffentlichen Bereich, Universitäten wurden geschlossen. Lange Jahre bemühte sich Ibrahim Rugova als Anführer einer friedlichen Opposition, diesem Rechteabbau entgegenzutreten. Doch er wurde schließlich ins Exil gezwungen. Es kam zu Übergriffen der serbischen Polizei. Im Land bildete sich eine bewaffnete Befreiungsbewegung, die UCK. Sie bekämpfte die serbischen Sicherheitskräfte, Polizei wie Militär, aus dem Hinterhalt. Mehr und mehr Menschen wurden Opfer der gewaltsamen Auseinandersetzungen. Slobodan Milošević, der Staatschef Restjugoslawiens, hatte sich bisher allen Vermittlungsversuchen widersetzt. Zuletzt hatte er eine Friedenslösung, ausgehandelt in Rambouillet bei Paris, nicht unterschrieben. Immerhin ließ er eine Beobachtergruppe der Organisation für Sicherheit und Zusammenarbeit in Europa (OSZE) zu, die die verfeindeten Kräfte auseinanderhalten und für eine friedliche Lösung sorgen sollte. Doch das funktionierte nicht. Die NATO hatte mit einem Militärschlag gedroht, wenn Milošević nicht endlich seine militärischen und paramilitärischen Kräfte abziehen werde.

Es ist interessant, wenn man sich die Begründung der verschiedenen Akteure jener Zeit heute noch einmal anschaut. Am treffendsten bringt es in all ihrer Nüchternheit die damalige Außenministerin der USA, Madeleine Albright, auf den Punkt: „Ich wollte nicht mitansehen, wie unschuldige Menschen ermordet wurden. Die Präsenz der NATO in Europa gab uns die Mittel und die Möglichkeiten, die ethnischen Säuberungen zu stoppen, und ich hoffte, dass wir damit andere Grausamkeiten vorbeugen konnten" *(Madeleine Albright: Der Mächtige und der Allmächtige – Gott, Amerika und die Weltpolitik, Droemer, 2006, Seite 81).*

Am Abend des 23. März 1999 gegen 19.15 Uhr wurde ich gebeten, eine wichtige Ansprache von Bundeskanzler Gerhard Schröder im Hotel Interkontinental in der Bibliothek aufzunehmen, als einziger Journalist für alle Fernsehanstalten Deutschlands. Das Hotel war gleichzeitig der Tagungsort des EU-Gipfels. Als ich in der Bibliothek eintraf, fand ich dort Gerhard Schröder, seinen außenpolitischen Berater Michael Steiner, seinen Pressesprecher Uwe Carsten Heye und dessen Stellvertreter Thomas Steg vor. Die Stimmung war miserabel. Was Schröder gleich aufzeichnen wollte, war die Ankündigung, dass sich Deutschland erstmals seit Ende des Zweiten Weltkrieges wieder mit bewaffneten Einheiten – zunächst mit der Luftwaffe – an einem Luftkrieg gegen die serbischen Streitkräfte im Rahmen der NATO beteiligen sollte.

Im NATO-Rat in Brüssel war das seit Monaten so beschlossen: Wenn Milošević nicht nachgibt, dann muss

im Interesse der Menschen im Kosovo militärisch eingegriffen werden. Ein Vorläufer dessen, was später
„Responsibility to Protect", die Verantwortung zu
schützen genannt werden sollte. Nach dem Versagen des
Westens beim Massaker in Ruanda 1994 war der Druck
zu handeln auch auf US-Präsident Bill Clinton riesig.

NATO-Generalsekretär Javier Solana und der Vorsit-
zende des NATO-Militärausschusses, Klaus Naumann,
sowie der militärische NATO-Oberbefehlshaber Wesley
Clark hatten den Einsatz bereits minutiös geplant. Sie
warteten nun nur noch auf den Beschluss des NATO-
Rates, dass der Einsatz beginnen sollte.

In die Pseudo-Bibliothek des Hotels (Pseudo, weil nur
leere Buchrücken den Eindruck einer Bibliothek erweckten) hatte sich Gerhard Schröder zurückgezogen, um
seine Rede aufzunehmen, in der er dem deutschen Volk
mitteilen wollte, dass Deutschland in diesen Krieg ein-
treten werde – aktiv. Da ich Schröder seit mehr als
15 Jahren kannte, versuchte ich, die Stimmung ein wenig
aufzulockern, obwohl auch mir klar war, das war ein
folgenschwerer Schritt, den Deutschlands Regierung
unter Rot-grün damit beschritt, ja, beschreiten musste.
Denn im Vorfeld war das zum Lackmustest der Bünd-
nistreue der neuen Regierung geworden – wider Willen.
In dieser Situation des 23. März fragte ich den Bundeskanzler, ob er sich habe vorstellen können, solch einen
Einsatzbefehl jemals geben zu müssen. Er schnauzte
zurück: „Mensch, hör auf mit dem blöden Gelaber." Er
wie seine Mitarbeiter schienen kreuzunglücklich darüber zu sein, dass sie Soldaten in diesen Krieg schicken
mussten, dessen Konsequenzen überhaupt nicht absch-
bar waren. Schließlich kam es zur Aufzeichnung der
Ansprache, die wir hier noch einmal wiedergeben.

Sie war ein historischer Einschnitt in der Geschichte
der neuen Bundesrepublik:

Liebe Mitbürgerinnen und Mitbürger,

heute Abend hat die NATO mit Luftschlägen gegen militärische Ziele in Jugoslawien begonnen. Damit will das Bündnis weitere schwere und systematische Verletzungen der Menschenrechte unterbinden und eine humanitäre Katastrophe im Kosovo verhindern. Der jugoslawische Präsident Milošević führt dort einen erbarmungslosen Krieg. Die jugoslawischen Sicherheitskräfte haben ihren Terror gegen die albanische Bevölkerungsmehrheit im Kosovo allen Warnungen zum Trotz verschärft. Die internationale Staatengemeinschaft kann der dadurch verursachten menschlichen Tragödie in diesem Teil Europas nicht tatenlos zusehen. Wir führen keinen Krieg, aber wir sind aufgerufen, eine friedliche Lösung im Kosovo auch mit militärischen Mitteln durchzusetzen.

Die Militäraktion richtet sich nicht gegen das serbische Volk. Dies möchte ich gerade auch unseren jugoslawischen Mitbürgern sagen. Wir werden alles tun, um Verluste unter der Zivilbevölkerung zu vermeiden.

Noch Ende letzter Woche hat die jugoslawische Delegation auf der Pariser Konferenz selbst minimale Zugeständnisse abgelehnt. Dies ist umso weniger verständlich, als das ausgehandelte Friedensabkommen den Bestand Jugoslawiens nicht infrage stellt. Vielmehr hat die Europäische Union Belgrad eine Rückkehr in die internationalen Organisationen und eine schrittweise Aufhebung der Sanktionen für den Fall einer Friedenslösung in Aussicht gestellt.

Die Antwort Belgrads waren der Bruch von Verträgen und die Entsendung weiterer Truppen in den Kosovo. Deshalb blieb als letztes Mittel nur die Anwendung von Gewalt. Dagegen haben die Vertreter der albanischen Bevölkerungsmehrheit das Pariser Friedensabkommen unterzeichnet und damit ihre Bereitschaft zu einer friedlichen Lösung vor aller Welt dokumentiert.

Mit der gemeinsam von allen Bündnispartnern getragenen Aktion verteidigen wir auch unsere gemeinsamen grundlegenden Werte von Freiheit, Demokratie und Menschenrechten. Wir dürfen nicht zulassen, dass diese Werte, nur eine Flugstunde von uns entfernt, mit Füßen getreten werden.

An dem Einsatz der NATO sind auch Soldaten der Bundeswehr beteiligt. So haben es Bundesregierung und der Deutsche Bundestag beschlossen – in Übereinstimmung mit dem Willen der großen Mehrheit des deutschen Volkes.

Die Bundesregierung hat sich ihre Entscheidung nicht leicht gemacht, schließlich stehen zum ersten Mal nach Ende des Zweiten Weltkrieges deutsche Soldaten im Kampfeinsatz.

Ich rufe von dieser Stelle aus alle Mitbürgerinnen und Mitbürger auf, in dieser Stunde zu unseren Soldaten zu stehen. Sie und ihre Familien sollen wissen, dass wir das Menschenmögliche tun für den Schutz unserer Soldaten bei diesem schwierigen und gefahrvollen Einsatz. Gleichwohl können wir Gefahren für Leib und Leben unserer Soldaten nicht ausschließen.

Ich fordere von dieser Stelle aus Präsident Milošević auf, die Kämpfe im Kosovo sofort zu beenden. Die NATO und die internationale Gemeinschaft insgesamt sind unverändert bereit, mit Zustimmung der Streitparteien mitzuhelfen, das Friedensabkommen umzusetzen. Für eine militärische Absicherung eines notwendigen Waffenstillstands stehen erste NATO-Einheiten, darunter 3000 deutsche Soldaten, bereit. Auf dem Gipfel in Berlin hat Europa seine Verantwortung für eine friedliche Entwicklung auf dem Kontinent bekräftigt. Auch mit Blick auf die schwierige Mission im Kosovo spricht Europa mit einer Stimme.

An unserer Entschlossenheit, das Morden im Kosovo zu beenden, besteht kein Zweifel. Die Belgrader Führung hat

es allein in der Hand, den NATO-Einsatz zu beenden,
indem sie sich für den Frieden entscheidet.

Nach der Aufzeichnung der Ansprache galt es abzuwarten, wann nun in Brüssel wirklich beschlossen werden würde, mit den Luftangriffen auf serbische Stellungen zu beginnen. Die Ansprache wurde an alle Fernsehanstalten verteile – im elektronischen Sinne –, und dann galt es zu warten. Sondersendungen auf allen Kanälen zum Kosovo machten bereits klar, die Entscheidung stand kurz bevor. Für das ZDF galt damals: Wenn unsere NATO-Kollegin Karin Storch aus dem NATO-Hauptquartier melden würde, der Krieg beginnt, dann würden wir die Ansprache Gerhard Schröders senden. Und so geschah es.

An jenem Abend war uns die Tragweite dieser Entscheidung noch nicht völlig klar, aber es zeichnete sich ab, dass Deutschland einen Schritt im Verbund mit den NATO-Partnern getan hatte, der bis heute Streitkräfte, und damit auch Bundeswehrsoldaten, im Kosovo bindet und der bis heute Auswirkungen hat auf dem Balkan. Und der wirklich der erste massive Einsatz von Bundeswehrsoldaten in Kampfhandlungen außerhalb des Bündnisgebietes geworden ist. Gerhard Schröder, so sagt er, hat diese Entscheidung schlaflose Nächte gebracht. Schließlich musste er ja als Regierungschef befürchten, dass der Einsatz auch Todesopfer unter den Soldaten fordern könnte.

Im Nachhinein sieht es so aus, als sei nur die neue rotgrüne Regierung in der Lage gewesen, diesen – für Deutschland – Riesenschritt zu gehen, ohne dass die Deutschen sich gegen NATO und Amerika wendeten. Und vor allem, ohne dass das Land sich wieder so spaltete wie bei den Auseinandersetzungen um den NATO-Doppelbeschluss Anfang der 80er-Jahre. Das Ja von Rot-

Grün zur Rettung der kosovo-albanischen Bevölkerung mit militärischen Mitteln zerstörte nicht den gesellschaftlichen Konsens.

Der hielt auch, nachdem mit dem Ende der Bombardierung ab 10. Juni 1999 50 000 Soldaten im Kosovo den Waffenstillstand und die Einhaltung der Vereinbarungen zwischen Serben und NATO überwachten. Die NATO-geführte Kosovo Protection Force (KFOR) mit Soldaten von Albanien bis zur Ukraine beschleunigte den Abzug der Serben und sicherte die Rückkehr der Flüchtlinge. Die UNMIK, die Verwaltung der Vereinten Nationen im Kosovo, übernahm nach Verabschiedung der UN-Resolution 1299 im Sicherheitsrat die Regierungsgeschäfte. Die OSZE sorgte für Sicherheit und half beim Aufbau neuer Verwaltungsstrukturen.

Harald Kujat war damals im Verteidigungsministerium Leiter der Planungsstabes. Zu Beginn gab es Streit in der Spitze, mit welcher Bewaffnung die deutschen Truppen ins Kosovo ziehen sollten. Er plädierte dafür, auf jeden Fall Panzer mitzunehmen. Und er konnte sich gegen den Heeresinspekteur Willmann durchsetzen, der weniger Panzerung wollte. Die Realität am Boden gab Kujat recht. Denn zu Beginn gab es immer wieder Scharmützel zwischen den NATO-Soldaten und Serben. Bis heute sind Soldaten im Kosovo, die für Ruhe und Ordnung sorgen, aber wesentlich weniger.

Spätestens an dieser Stelle wurde klar, dass das vereinigte Deutschland in einer neuen Rolle angekommen war. Das war für viele schwer zu akzeptieren. Hatten wir doch Jahrzehnte nach dem Zweiten Weltkrieg im Grunde in einer Ausnahmesituation gelebt. Zwischen West- und Ostdeutschland verlief der Eiserne Vorhang. Nun hatte sich die Bundesrepublik neu zu bewähren. Europäische Union und einzelne Länder, wie die Türkei, starteten Hilfsprogramme zum Wiederaufbau. Bis heute haben die nicht dazu geführt, dass das Kosovo wirklich selbstständig lebensfähig ist. Und das liegt nicht nur daran, dass nach der Ausrufung der Unabhängigkeit am 17. Februar 2008 fünf von damals 27 europäischen Ländern die Unabhängigkeit des Kosovo bis heute nicht anerkennen: Spanien, die Slowakei, Zypern, Rumänien, Griechenland.

Bujar Bukoshi war einer der ersten Kosovaren, die nach dem Ende der Autonomierechte für die „autonome Provinz Kosovo" im früheren Jugoslawien 1989 friedlich dafür stritten, den Kosovo-Albanern ein demokratisch-freiheitlich selbstbestimmtes Leben zu ermöglichen. 1989 war er Mitgründer des Rates für die Einhaltung der Menschenrechte und der Freiheit im Kosovo. Er gehörte mit Ibrahim Rugova, dem späteren Parteichef, zu den Gründern der Demokratischen Liga des Kosovo, LDK, war ihr Generalsekretär und von 1991 bis 1999 der Premierminister der aus der Illegalität heraus arbeitenden Regierung, nachdem das regionale Parlament 1990 von der serbischen Zentralregierung aufgelöst worden war. Er musste 1991 ins Exil gehen, kam zunächst nach Slowenien, dann nach Bonn und kämpfte in Europa für die Unabhängigkeit seines Heimatlandes. Von Bonn aus organisierte er einen Hilfsfonds der Kosovaren im Exil für den Widerstand, in dem er in der großen kosovo-albanischen Diaspora von allen drei Prozent ihres monatlichen Einkommens forderte und auch erhielt. Dieser Fonds diente später auch dazu, eine eigene, illegale Armee im Kosovo aufzubauen, als die Übergriffe der serbischen Regierung immer gewalttätiger wurden. Kurze Zeit war er auch der Kommandeur dieser „Armee". Er hatte sich während des Exils 1995 mit Rugova überworfen, als er begann, für einen bewaffneten Arm der LDK zu werben. Der studierte Mediziner mit Studienabschluss in Belgrad 1971 und Promotion in Berlin 1986 hatte nach seiner Rückkehr ins Kosovo als Urologe unter anderem an der Universität von Priština gearbeitet, bis die Serben ihm 1990, wie Zehntausenden seiner Landsleute, kündigten. Er trat lange für einen gewaltfreien Weg zur Unabhängigkeit des Kosovo ein. Im August 1999 kehrte er ins Kosovo zurück, nominell immer noch Premierminister als LDK-Vertreter. Nun übernahm aber die UNO die Regierungsgeschäfte im Lande. Seine Position entfiel zunächst einmal. Bukoshi verwaltete den Fonds für den Wiederaufbau, der mit 60 Mio DM gefüllt war. 2002 gründete er seine eigene Partei, die „Neue Kosovo-Partei", die allerdings über ein Prozent bei den Wahlen nicht hinauskam; so trat er schließlich wieder der LDK bei und wurde im ersten Kabinett Hashim Thaçi ab 2007 Gesundheitsminister. 2012 trat er zurück, weil eine Korruptionsaffäre das Gesundheitsministerium in große Schwierigkeiten brachte. Er übernahm politische Verantwortung, obwohl sich schnell herausstellte, dass Bukoshi überhaupt nichts mit der Korruptionsaffäre zu tun hatte. So kam er nach einiger Zeit wieder in die Regierung zurück. In der unter großen Mühen 2015 gebildeten Koalition steht er als Botschafter für Sonderaufgaben der Koalition aus PDK und LDK zur Verfügung.

Ich lernte ihn im Jahr 2004, wie könnte es anders ein, im Café des Grand Hotel von Priština kennen. Dieser Marktplatz der Eitelkeiten ist zugleich ein Kontakthof zwischen Politik, Medien und internationalen Organisationen, der einem immer wieder Zufallsbegegnungen und neue Erkenntnisse ermöglichte. An unserem Mikrofon hatte Bukoshi uns als Vertreter des ZDF erkannt und war auf uns zugekommen. Wir kamen ins Gespräch und verabredeten uns zum Abendessen. In einem italienischen Restaurant der Spitzenklasse, dessen kosovo-albanischer Besitzer früher mal ein Restaurant in Gelsenkirchen betrieben hatte, versuchte Bukoshi, mir die komplizierte Lage im Kosovo zu erklären. Mit äußerster Höflichkeit hatte er mich zuvor am Hotel mit seinem alten VW Käfer abgeholt. Bukoshi war derjenige, der mir erstmals eine Einsicht ermöglichte in die von Familienclans beherrschte Struktur des Kosovo, die den Durchblick für Außenstehende so schwierig macht. Unterschiedliche Clans herrschen in unterschiedlichen Teilen des kleinen Landes. Sie bilden dort Parteien, die auch deshalb zumindest regional erfolgreich sind, weil die Großfamilien darauf eingeschworen werden, für die jeweiligen Familienkandidaten zu stimmen. Dazu bedarf es aber gar keiner großen Überzeugungsarbeit, denn der Familienzusammenhalt im Kosovo ist traditionell sehr stark.

Die Familie ist der Garant des täglichen Überlebens. Niemand verlässt sich auf den schwachen Staat. Seit Ende der Herrschaft der Serben gibt es Defizite, die bis heute nicht überwunden sind. Strom ist zwar theoretisch durch die im Lande vorhandenen großen Braunkohlevorkommen hinreichend erzeugbar, aber das Kraftwerk selbst kämpft immer wieder mit technischen Pannen, und es gibt keine ordentliche Zahlungsmoral. So verteilt heute noch das Elektrizitätsunternehmen den Strom in drei Kategorien: durchgehend an regelmäßig zahlende Kunden, die sich in bestimmten Bezirken ballen, der Rest erhält je nach Zahlungsverzug Stromabschaltungen von bis zu fünf Stunden pro Tag. Dies sind Zustände, die man sonst nur in Dritte-Welt-Ländern erwartet. Im Kosovo ist das der Normalzustand. Und Besserung ist auch nach der Unabhängigkeit 2008 nicht wirklich in Sicht. Bujar Bukoshi bewahrt sich dennoch seinen Optimismus, und er hat ja in Teilen recht damit, es kann im

Lande schlechter kaum noch werden. Deswegen hofft er immer auf den Aufschwung.

Theologin und Politikerin zu sein, für einen evangelischen Christen ist das kein großer Widerspruch. Antje Vollmer promovierte in Kirchengeschichte und schloss ebenfalls ein Pädagogikstudium ab. Geboren 1943, wurde sie nach einigen Stellen in Pfarrgemeinden Erzieherin in Bethel. Dort kam sie in Kontakt mit der ökologischen alternativen Bauernbewegung der 80er-Jahre. 1983 zog sie als damals noch parteilose Kandidatin auf der Grünen-Liste in den Bundestag ein. Nach dem ersten Jahr wurde sie als Agrarpolitikerin mit Petra Kelly und Marieluise Beck-Oberdorf zur Fraktionssprecherin gewählt. Nach einem Jahr an der Spitze verließ sie den Bundestag wieder, dem Grünen-Parteitagsbeschluss folgend, der eine Rotation nach zwei Jahren von allen Abgeordneten forderte. Die erste Fraktion war eine ausgesprochen bunte, unkoordinierte Ansammlung von höchst unterschiedlichen Menschen aus den verschiedensten Lagern der Politik. Exkommunisten saßen zusammen mit ökologisch bewegten Fundamentalisten, daneben Pragmatiker. Schnell brach Streit über alles und jedes aus. Da die Fraktionssitzungen im Unterschied zu denen anderer Parteien am Anfang noch öffentlich stattfanden, konnte man als Journalist wunderbar verfolgen, wie sich Politikentwürfe entwickelten. 27 Primadonnen beiderlei Geschlechts und ihre Nachrücker (die nach der Rotation den Platz übernehmen sollten) rangen um das eigene Profil, das Profil der Partei – wobei die Grünen damals noch mehr Bewegung und Strömung waren als Partei – und letztlich auch um Einfluss im Bundestag und in der Öffentlichkeit.

Dass sie das nicht schlecht gemacht hatten, schienen

die Wahlen 1987 zu beweisen, als sie mit 42 Abgeordneten wiedergewählt wurden, unter ihnen auch wieder Antje Vollmer, inzwischen als Mitglied der Grünen Partei. 1994 folgte der Wiedereinzug der Grünen in den Bundestag, nachdem die Westgrünen 1990 gescheitert waren. In dem Jahr wurde Vollmer zur ersten Grünen-Vizepräsidentin des Bundestages gewählt. Nach der Vereinigung war sie in ihrer Partei dadurch unangenehm aufgefallen, dass sie frühzeitig von der größer werdenden Verantwortung des größer werdenden Deutschlands gesprochen hatte. Viele Grüne scheuten davor zurück, diese neue Realität anzuerkennen. Mit zwei deutschen Staaten hatte Europa gut leben können, beide waren nicht groß genug, um einem der Nachbarn Angst einflößen zu können. Das vereinigte Deutschland hingegen in seiner Größe und in der Mittellage rief schon von Anbeginn alte Ängste wieder hervor. Zu oft in den vergangenen Jahrhunderten hatten die Deutschen Krieg geführt.

So führt Vollmer die frühe Anerkennung der Unabhängigkeit Kroatiens und Sloweniens darauf zurück, dass der damalige Außenminister Genscher damit seine Scham zu kompensieren versuchte, zu wenig Verbindungen zur Opposition in Südosteuropa gehabt zu haben. Vollmer ist überzeugt, dass der Kosovo-Krieg hätte vermieden werden können, wenn Russland rechtzeitig in die Verhandlungen einbezogen worden wäre. Die Russen hätten größere Möglichkeiten gehabt, Milošević unter Druck zu setzen, als es allen anderen an den Verhandlungen von Rambouillet Beteiligten möglich war. Die Argumentationslinien von Fischer und Scharping zur Begründung des Krieges gegen die Serben beurteilte Vollmer als jenseits des Erlaubten. Bei aller menschlichen Tragik durfte der Kosovo-Konflikt aus ihrer Sicht auf keinen Fall mit Auschwitz gleichgesetzt werden. An dieser Stelle widerspricht ihr Klaus Naumann, damals oberster militärischer Berater der NATO in Brüssel, der gemeinsam mit dem NATO-Oberkommandierenden Wesley Clark vor dem Ausbruch des Krieges noch zweimal mit Slobodan Milošević verhandelt hatte. Nach seiner Erinnerung verweigerte Milošević jeden Kompromiss, auch weil er vielleicht glaubte, die Einigkeit der NATO in Sachen gewaltsame Beendigung der serbischen Aggression im Kosovo könne zerbrechen. Da irrte er. Darüber hinaus kündigte er unumwunden an, er wolle eine Endlösung. Was das denn bedeute, fragte Naumann nach eigener Aussage damals, da ihn das Wort „Endlösung" elektrisierte. Milošević antwortete, man werde dasselbe machen wie 1946 in Drenica. Naumann fragte, was damals denn gemacht worden sei, und erhielt als Antwort von Milošević: „Da haben wir alle Albaner zusammengetrieben und dann alle erschossen." Seitdem war Naumann klar, ein Krieg werde sich wohl kaum noch vermeiden lassen. Nach Naumanns Auffassung wäre der Krieg ohne die US-amerikanische Führung nicht möglich gewesen. Mehrfach gab es schwierige Momente. Die versehentliche Bombardierung eines Flüchtlingszuges war ein besonderes Fiasko. Ebenso die Bombardierung der chinesischen Botschaft in Belgrad. Eins der beteiligten Flugzeuge schoss seine Rakete so ab, dass sie in der Nähe von Sofia niederging, in diesem Fall, ohne Schaden anzurichten.

Dennoch, Anja Vollmer lässt sich nicht beirren: Die Einbindung der Russen damals hätte früher zu einem Kompromiss führen können. Wie sie auch in der aktuellen Krise um Russland und die Ukraine nicht müde wird, für Dialog zu werben und Sanktionen als nicht hilfreich zu bezeichnen.

Wie hartnäckig sie sein kann, bewies sie im Umgang mit dem Dalai-Lama und den chinesischen Machthabern. Auf Vermittlung von Tschechiens Präsident Havel hatte es verschiedene Treffen in Prag gegeben, wo mit Chinesen ausgelotet wurde, unter welchen Bedingungen der Dalai-Lama in seine Heimat Tibet zurückkehren könne. Ein Kompromiss schien fast gefunden. Er scheiterte am Ende am Dalai-Lama selbst, der fürchtete, ihn bei der exiltibetischen Regierung nicht durchsetzen zu können.

Antje Vollmer hat in ihrem Leben immer gerne ein wenig quergedacht, sich angestrengt, Frieden in ihre Umgebung zu bringen, mal mit mehr und mal mit weniger Erfolg.

2008 traf ich Gerhard Schröder wieder in Belgrad, der Hauptstadt Serbiens. Er war gekommen, den Vorsitzenden der Schwesterpartei und Präsidenten Boris Tadić im Wahlkampf zu unterstützen. Es war kurz vor dem Jahrestag der Ermordung von Zoran Djindjić, dem ersten Ministerpräsidenten Serbiens, der Milošević gefolgt war. Djindjić wurde am 12. März 2003 unter bis heute nicht völlig geklärten Umständen ermordet, als er seinen Amtssitz betreten wollte. Zwar wurden 2007 elf Täter verurteilt, aber ungeklärt blieb, wer sie möglicherweise angestiftet hatte. Vor Jahrzehnten hatte die Friedrich-Ebert-Stiftung den jungen Studenten Zoran Djindjić in Deutschland unterstützt und gefördert. Er galt als Hoffnungsträger für eine Zeit nach Milošević, jung, dynamisch und vor allem orientiert auf eine Mitgliedschaft Serbiens in der Europäischen Union – eines fernen Tages zumindest. Gerhard Schröder hatte ihn als Bundeskanzler zweimal empfangen, bevor Djindjić gewählt worden war. So fiel es seiner Witwe Ružica Djindjić leicht, Gerhard Schröder zu überzeugen, in der kritischen Wahl nach Belgrad zu kommen. Sie selbst war aktiv in der Politik tätig und unterstützte natürlich den Nachfolger ihres Mannes im Parteivorsitz. Boris Tadić. Bevor Schröder eine Wahlkampfveranstaltung in der Arena von Belgrad absolvierte, ging er zunächst mit Frau Djindjić auf den Neuen Friedhof von Belgrad und legte Blumen am Grab des Ermordeten nieder. Der eigentlich immer noch medienbewusste Altkanzler hatte sich erbeten, dabei allenfalls aus gebührendem Abstand gefilmt zu werden.

Erstaunlich für den Medienkanzler, der er einst war. Danach ging es zurück ins Interconti. Dort hatten wir ein Interview zu seinem Besuch verabredet. In Erinnerung an jenen 23. März 1999 hatte ich die „Pseudo-Bibliothek" des Interconti ausgewählt für das kurze Interview. Ebenso wie in Berlin: Buchrücken ohne Inhalt. Klar war, dass Gerhard Schröder Boris Tadić lobte für sein Engagement bei dem Weg Serbiens nach Europa. Das war so wenige Jahre nach dem Kosovo-Krieg keineswegs eine Selbstverständlichkeit in Belgrad. Bis heute kann man noch einige der Narben in der Stadt sehen, die die 78 Tage der NATO-Luftangriffe gegen die Befehls- und Kommandostruktur des Milošević-Regimes hinterlassen haben. Sie werden bewusst gepflegt als Anklage gegen die NATO, die ja damals ohne UN-Mandat in die Auseinandersetzung zwischen Kosovo-Albanern und Serben eingegriffen hatte. Nicht nur hatte die NATO damals versehentlich die chinesische Botschaft bei einem Angriff getroffen. Auch Infrastruktur und Brücken wurden zerstört, zum Beispiel die Brücke über die Donau bei Novi Sad. Sie wurde mit Hilfe der EU 2005 wieder aufgebaut. Bis heute treffen vor allem solche Zerstörungen in Serbien auf Unverständnis selbst bei Menschen, die die Zukunft ihres Landes im Verbund der demokratischen Länder der Europäischen Union und sogar der NATO sehen. In einer fernen Zukunft, muss man bei Serbien im letzteren Fall hinzufügen. Die Wunden sind noch zu frisch – auch 16 Jahre nach Ende dieses Krieges.

Madeleine Albright, Jahrgang 1937, die große alte Dame der US-amerikanischen Außenpolitik, ist gebürtige Tschechin. Kurz vor dem Überfall Nazi-Deutschlands auf die Tschechoslowakische Republik wanderten die Eltern mit ihr nach London aus.

Vater Josef war Diplomat und arbeitete dort für die tschechoslowakische Exilregierung. Mit deren Chef kehrte er nach dem Krieg nach Prag zurück. Er verließ allerdings die Stadt wieder, als die Kommunisten die Macht übernahmen, und erhielt politisches Asyl in den USA.

Dieses Leben in zwei Welten, in Europa und in den USA, hat Albright für viele Europäer zu einer der beliebtesten Außenminister gemacht, die jemals am Verhältnis zwischen den beiden Partnern diesseits und jenseits des Atlantiks gearbeitet haben. Als Europäerin geboren, brachte sie ihr Lebensmotto mal auf den Punkt mit einem Zitat des Candide aus einer Bearbeitung Leonard Bernsteins: „Alles steht zum Besten in dieser besten aller Welten." Und damit meinte sie natürlich die USA. Sie blieb eigentlich immer stärker die Professorin für Außenpolitik, als dass sie jemals komplett ins diplomatische Metier wechselte.

In den USA durchlief Madeleine eine Ausbildung, die sie zur außenpolitischen Expertin formte. Schon früh arbeitete die Columbia-University-Assistentin mit demokratischen Präsidentschaftskandidaten wie Walter Mondale zusammen. Unter Jimmy Carter kam sie so zum ersten Mal im Weißen Haus in den Nationalen Sicherheitsrat. So war es am Ende kein Wunder, dass sie

1992 UN-Botschafterin unter Bill Clinton und 1997 Außenministerin wurde.

Sie war die erste Außenminister*in* der USA. Für Joschka Fischer wurde sie mit ihrer Lebensgeschichte zu einer glaubwürdigen Leitfigur. Nicht zuletzt wegen der Tatsache, dass ein Großteil ihrer jüdisch-stämmigen Familie, darunter drei der vier Großeltern, in den Konzentrationslagern der Nationalsozialisten ums Leben gekommen war. Davon erfuhr sie allerdings erst 1996.

Ihre ersten Erfahrungen praktischer Art mit dem UN-Sicherheitsrat machte Albright, als die USA mit der von ihnen initiierten UN-Mission „Restore Hope", angestoßen noch von der Vorgängerregierung Georg Bush senior, begonnen hatten, den Menschen in Somalia wieder eine friedliche Umwelt zu ermöglichen. Kriege der somalischen Stämme untereinander hatten die staatlichen Strukturen völlig zerstört. Das tägliche Überleben vor allem der Stadtbewohner war zum Kampf um Leben und Tod geworden. 1991 war der letzte Diktator, Siad Barre, gestürzt worden. Seitdem zerfiel das Land. Diesen Krieg sollte eine UN-Truppe beenden. Bis zu Beginn von „Restore Hope" ging man davon aus, dass bereits 350 000 Somalier infolge der miserablen Lage des Landes, der Kämpfe, der Hungersnöte, gestorben waren. Die USA waren bereit, zunächst mit 4 000 Soldaten an der 28 000 Soldaten starken UNO-Truppe teilzunehmen. General Mohammed Farah Aidid und seine Truppen waren ein Ziel, das eine 1300 Mann starke Eingreiftruppe der US-Armee im Rahmen der UN-Streitkraft, der Peace Keeper, gefangen nehmen sollte. Der Versuch scheiterte spektakulär im Herbst des Jahres 1993 und führte nach 18 Toten und 73 Verletzten auf Seiten der US-Streitkräfte zum Rückzug. Im März 1994 waren alle US-Truppen wieder aus Somalia abgezogen worden.

Madeleine Albright war gerade Außenministerin in der Regierung Clinton geworden, als 1997 das NATO-Russland-Partnerschaftsabkommen vereinbart wurde. Sie hatte dieses Abkommen mit ihrem damaligen russischen Kollegen Jewgeni Primakow verhandelt. Das Abkommen sollte Kooperation ermöglichen, ohne den Russen ein Veto über Maßnahmen der NATO einzuräumen. In dem Sinne funktionierte der Vertrag auch, allerdings nur für kurze Zeit. Mit dem Einmarsch der Russen in Abchasien und Südossetien im Jahr 2008 und der einseitigen Anerkennung der Unabhängigkeit dieser beiden Teilrepubliken Georgiens kam das NATO-Russland-Partnerschaftsabkommen erst mal zum Stillstand.

Zum zweiten Mal geschah das nach der russischen Invasion auf der Krim 2014. In einem Nachruf auf den verstorbenen Jewgeni Primakow in der Zeitschrift Foreign Policy bekannte Madeleine Albright, dass ihr damaliges Gegenüber vieles in diesem Vertrag anders verstand als sie. Der Keim der Uneinigkeit zwischen NATO und Russland war auch schon gesät, als in Moskau Boris Jelzin Präsident war. Bis heute wollen die Russen als eine der Weltmächte wahrgenommen werden, die im Konzert der Großen eine wichtige Rolle spielen. Dies entspricht zwar in der Tat nicht mehr der Wahrheit, aber die Eigenwahrnehmung, der Wunsch, an die große und bedeutende Zeit des Zarenreiches des 19. Jahrhunderts und an die Zeit des Sowjetimperiums anzuknüpfen, ist für sie unverzichtbar. Madeleine Albrights Leitlinie war: „Wenn Diplomatie die Kunst ist, andere dazu zu bringen, das zu tun, was wir wollen, dann erfordert eine erfolgreiche Außenpolitik ein Verständnis der Motive der Gegenseite: Warum tun die anderen das, was sie tun?"

Albright hat dies umfassend versucht, als sie 1992 Botschafterin bei den Vereinen Nationen geworden war. Sie wollte der internen US-Kritik an den UN dadurch begegnen, dass sie die Effektivität der UNO steigerte. Unter Bill Clinton hat sie sich erfolgreich für eine Stärkung der Vereinten Nationen und für die Zahlung der US-Beiträge zum Haushalt der VN eingesetzt, wie zuvor schon Richard Holbrooke.

In der zweiten Amtszeit Bill Clintons zur Außenministerin berufen, trug sie dazu bei, 1998 dem „International Religious Freedom Act" zum Recht zu verhelfen. Eine unabhängige Kommission ist durch dieses Gesetz geschaffen geworden, die das US-Außenministerium verpflichtet, einen jährlichen Bericht über die weltweite Glaubensfreiheit zu erarbeiten. So kommen all Formen religiöser Verfolgung ans Tageslicht. Begründet ist dies letztlich in der Freiheit des Glaubens, die in der US-Verfassung verankert ist.

Javier Solana ist bis heute engagiert für den Frieden. Geboren 1942 in Madrid zur Zeit der Franco-Diktatur, hatte er früh Kontakt mit internationaler Politik und Abrüstung. Sein Großonkel war Chef der Abrüstung beim Völkerbund, Schriftsteller und Diplomat. Sein Vater war Chemieprofessor. Schon früh kam Solana in Konflikt mit der Diktatur in Spanien. 1963, als er in Madrid Physik studierte, beteiligte er sich an einem Forum, das die Opposition gegen das Franco-Regime organisieren wollte. Er geriet unter den Druck der Behörden und reagierte darauf, indem er sich 1964 der Spanischen Sozialistischen Arbeiterpartei anschloss, die seit 1939 in Spanien verboten war. Als er sein Studium beendet hatte, ging er zu weiteren Studien nach England und später für einige Jahre in die USA.

Die Erfahrung als Fulbright-Stipendiat dürfte einer der Gründe gewesen sein, warum Javier Solana ein insgesamt positives USA-Bild entwickelte; nicht zuletzt aufgrund der Tatsache, dass er sich als Ausländer ohne Probleme an den Protesten gegen den Vietnamkrieg der USA beteiligen konnte.

1971 kehrte er nach Spanien zurück und begann seine politische Karriere. Als Physik-Dozent an der Universität engagierte er sich in der Gewerkschaft. Über sie kandidierte er 1975 als Sozialist erfolgreich für das erste Parlament nach der Franco-Ära und blieb Abgeordneter bis zu seinem Weggang nach Brüssel 1995. Der mit Partei-und Regierungschef Felipe González befreundete Solana stieg auf zum Kultur- und Bildungsminister- und wurde schließlich Außenminister seines Landes.

War er unter dem Einfluss der Vietnamkriegsproteste in den USA ursprünglich noch NATO-Gegner, so wandelte sich sein Bild der Allianz in der neuen Verantwortung. Als Außenminister während der spanischen Präsidentschaft der Europäischen Union im Jahr 1995 begann er den Dialog mit den Mittelmeeranrainern aus Nordafrika und dem Nahen Osten bei einer Konferenz in Barcelona.

Als im Jahre 1995 der Belgier Willy Claes als bereits gewählter NATO-Generalsekretär wegen einer Korruptionsaffäre in seinem Heimatland zurücktrat, wählte die Allianz Solana. Er begann im Dezember des Jahres 1995.

Die NATO überwachte zu jenem Zeitpunkt gemeinsam mit den Vereinten Nationen die vom Sicherheitsrat im Krieg um Bosnien-Herzegowina ausgerufene Flugverbotszone. Und sie begann die Überwachung des Friedensschlusses von Dayton, der Bosnien und Herzegowina zwischen den drei Volksgruppen, den bosnischen Muslimen und Kroaten sowie den Serben, aufgeteilt hatte.

Ab Februar 1992 hatte die UNO am Boden Truppen eingesetzt, die ausgehandelte Waffenstillstände überwa-

chen und später die Flüchtlinge in besonderen Schutzzonen, wie zum Beispiel Srebrenica, vor den Zugriffen
der gegnerischen Soldaten schützen sollten. Beruhend
auf Beschlüssen des Sicherheitsrates, wuchs diese UN-
PROFOR genannte internationale Militärkooperation
unter dem Dach der UN teilweise auf 32 800 Soldaten
sowie Polizeibeamte aus aller Welt und Militärbeobach-
ter an.

Ohnmächtig mussten sie zusehen, wie am 11. Juli 1995
bosnische Serben unter dem Kommando von Radovan
Karadžić und Ratko Mladić die Schutzzone Srebrenica
überrannten, die Frauen und Mädchen der bosnischen
Muslime vergewaltigten und vertrieben und mehr als
8000 bosnisch-muslimische Männer – vom Jugendlichen bis zum Greis – ermordeten. Die UNO erwies sich
überfordert, mit Soldaten einen Krieg zu beenden. Das
Mandat war zu unpräzise, um wirklich eingreifen zu
können. Zu wenige Soldaten, zu leicht bewaffnet und
der Unwillen der Krieg führenden Parteien im Lande,
die auf dem Papier vereinbarte Waffenruhe einzuhalten,
ließen den Frieden in weite Ferne rücken.

Vor allem Großbritannien und Frankreich stellten
sehr viele Soldaten. Andere truppenstellende Nationen
waren unter anderem Argentinien, Belgien, Luxemburg,
Indonesien, Jordanien, Kanada, Kenia, Nepal, die Niederlande, Norwegen, Tschechien, Pakistan, Polen, Russland, die Slowakei, Schweden, die Ukraine und die USA.

Der persönliche Beauftrage des damaligen UN-
Generalsekretärs, des Ägypters Boutros Boutros-Ghali,
der Japaner Yasushi Akashi, agierte in der ihm fremden
Umgebung höchst glücklos. Ihn hatte ich bereits im Jahr
1992 in Kambodscha getroffen, als deutsche Sanitätssol-
daten dort in einen ersten Hilfseinsatz gingen, um die
UN-Truppen im Lande medizinisch zu versorgen. Die
UNO in Kambodscha sollte staatliche Strukturen nach

dem Völkermord der Roten Khmer wiedererrichten und freie Wahlen ermöglichen.

Gemeinsam mit den Luftwaffen der Briten, Franzosen, Amerikaner beteiligte sich die Bundeswehr seit 1992 mit ihren Transall-Transportmaschinen an Versorgungsflügen für die Bevölkerung Sarajevos. Sie starteten vom italienischen Stützpunkt Ancona aus. Immer wieder mussten diese Flüge wegen der serbischen Scharfschützen und der die Stadt umgebenden serbischen Artillerie gestoppt werden, weil in Phasen heftigen Beschusses auch die einfliegenden Maschinen und ihre Besatzungen gefährdet waren. Sarajevo liegt in einem Talkessel, die Landung auf dem Flughafen musste recht kunstvoll geflogen werden, um so kurz wie möglich im Bereich der möglichen Attacken von serbischer Seite zu sein. Die Serben verfügten über Boden-Luft-Raketen, die Flugzeuge treffen konnten. Schleunigst baute die Bundeswehr Geräte ein, die den Raketen Scheinziele suggerierten. Wenn das Radar der Transall anfliegende Raketen ortete, löste der Bordingenieur den Ausstoß von Silberstreifen aus, die den Suchkopf der Rakete irritierten und so das Flugzeug schützten. Zu Beginn war die Verunsicherung der Luftwaffensoldaten über das Ausmaß der realen Gefahr erheblich.

Ich erlebte dies einmal 1994: Von Ancona aus waren wir mit einer Transall nach Sarajevo geflogen, um eine Reportage über diesen Teil humanitärer Hilfe für die Eingeschlossenen von Sarajevo zu drehen. Alle Aussagen und Erkenntnisse belegten, dass es eine Feuerpause vom Morgen bis zum späten Nachmittag geben sollte. So lernten wir den Flughafen Sarajevos kennen, an dessen Umgebung man bereits beim Anflug erkennen konnte, wie umkämpft die Gegend war. Einschusslöcher und gar Höhlen in den Häusern rund um die Landebahn machten schnell klar, dies ist keine friedliche Umgebung. Aber das Entladen der Hilfsgüter gestaltete sich an diesem Tag unproblematisch. Wir konnten filmen, was wir wollten, natürlich richteten wir auch das Kameraobjektiv auf die umliegenden Berge in der Hoffnung, den einen oder anderen Serben ins Bild zu bekommen. Wir waren sicher, dass wir von dort beobachtet wurden. Und ganz offensichtlich störte die Belagerer das, was wir taten, denn am Nachmittag kurz vor unserem Abflug begann auf einmal wieder der Beschuss. Unvermittelt mussten wir Deckung suchen hinter den von mehreren Lagen Sandsäcken geschützten Mauern der Abfertigung gegenüber unserer Maschine. Ein mulmiges Gefühl beschlich uns, die wir nicht darauf eingerichtet waren, hier länger zu bleiben. Klar, wir trugen alle Splitterschutzwesten und Helme, aber es blieben ja für Scharfschützen immer noch genügend Möglichkeiten, uns zu treffen.

Auch unsere Betreuer von UNPROFOR kannten keinen Grund, wie es zum Bruch der vereinbarten Waffenruhe hatte kommen können. Und wir drei fürchteten schon, dass wir die Nacht auf dem umkämpften Flughafen würden verbringen müssen. Nach einer Dreiviertelstunde hörte der Beschuss so plötzlich auf, wie er begonnen hatte. Die Piloten berieten sich mit den Sicherheitsleuten des Flughafens und entschieden dann, schnell den Start aus dem Talkessel zu wagen. Um nicht in die Gefahr zu geraten, von Boden-Luft-Raketen getroffen zu werden, wurde sofort beim Start jenes System eingeschaltet, das Metallteilchen auswirft, um mögliche Raketen bei ihrer Zielsuche zu täuschen und uns einen gewissen, wenn man so will: technischen Vorsprung zu geben. In den zwei Stunden vom Beginn des Beschusses bis zu dem Zeitpunkt, wo wir hoch genug über Bosnien waren, um nicht mehr getroffen werden zu können, hatten wir schon ein Gefühl der Unsicherheit.

Wie mussten sich dann erst jene Menschen fühlen, die tagtäglich mit dem Grauen leben mussten und bei jedem Versuch, für die Familie Lebensmittel oder Wasser zu besorgen, ihr Leben riskierten? Mehr als 100 000 Tote hat der Krieg des zerfallenden Jugoslawiens gekostet. 70 Jahre Frieden in Europa nach 1945? Davon kann also wahrlich nicht die Rede sein.

April 1993: 484 deutsche Soldaten beteiligen sich an der Aktion „Deny Flight" über dem ehemaligen Jugoslawien. Die Operation dient dazu, den Einsatz von Flugzeugen durch die serbisch-jugoslawische Luftwaffe zu blockieren, Waffenimporte an die Kriegsparteien zu verhindern und die Lieferung von Hilfsgütern in das Krisengebiet sicherzustellen. Vor allem die Luftbrücke nach Sarajevo soll die Schutzzonen mit Hilfsgütern beliefern, und die Operation diente auch dazu, den Schutz der eingeschlossenen Städte zu überwachen. Erstmals ab Juli 1995 beteiligt sich die deutsche Marine mit sechs Flugzeugen des Typs Tornado an dieser Operation. Im norditalienischen Piacenza befindet sich ein Militär-Flughafen, der die notwendige Aufnahmekapazität für die vielen Maschinen und ihre logistische Unterstützung hat. Untergebracht werden Piloten und technisches Personal in nahe gelegenen Hotels. Johann Georg Dora war ab August Kommandeur jener Luftwaffensoldaten, deren Verband bewusst „Einsatzgeschwader 1" genannt wurde. Damals im Rang eines Obersts, blickte Dora, Jahrgang 1948, ursprünglich Kommandeur eines Tornado-Geschwaders in Lechfeld, auf eine lange Karriere innerhalb der Bundeswehr zurück. Unter wirklichen Einsatzbedingungen waren er und seine Piloten bis dahin aber noch nie geflogen.

Unter dem Kommando der NATO-Süd-Flanke mit

Hauptquartier in Neapel und Luftwaffenzentrale in Vicenza mussten die Piloten zunächst einmal die Luftbetankung mit den US-amerikanischen Tankflugzeugen üben. Je nach Länge des Einsatzes war diese Luftbetankung zwingend erforderlich. Aber auch der Außeneinsatz über „Feindgebiet" war zunächst Gegenstand von Übungen über der Adria. Aufgabe der Tornados war die präzise Aufklärung von Zielen in Bosnien-Herzegowina durch Fotografien und Videos. Schließlich wurden die Flüge einsatzfähig gemeldet, und der Ernst des Einsatzes begann. Gemeinsam mit Jagdflugzeugen der Briten, Amerikaner und Franzosen galt es, die jugoslawische Armee des Slobodan Milošević und die kroatische Armee des Franjo Tudjman an Lufteinsätzen zu hindern. Jugoslawiens Armee hatte sich Luftstützpunkte entlang der Adriaküste und im Landesinneren mit Flugzeugdepots in den Bergen gebaut, sodass die Flugzeuge am Boden nicht leicht zu entdecken waren, solange sie nicht bewegt wurden.

Zu Beginn der Operation, an der sich die Luftwaffe in Piacenza und in Aviano beteiligte, war ich mit einem Bonner Kamerateam vor Ort. Der deutsche Zuschauer sollte nachvollziehen können, was diese ersten Schritte der Bundeswehr in die „neue Weltunordnung" mit deutscher Beteiligung für die Soldaten und für deren Angehörige bedeuteten. Wir trafen auf gut ausgebildete Männer, die sich ihrer Aufgabe mit gemischten Gefühlen stellten, insbesondere die Piloten. Ihre Aufgabe war grundsätzlich ungefährlich. Sie überflogen das Kriegsgebiet mit Aufklärungsflugzeugen, die mit viel technischem Gerät ausgestattet waren. So konnten sie präzise Bilder vom Geschehen am Boden liefern. Dennoch konnten sie nicht sicher sein, ob nicht doch irgendwo eine Boden-Luft-Rakete gerade ihre Maschine würde vom Himmel holen. Ihre Stimmung schwankte deswegen zwischen Skepsis und Zweifel einerseits und einer gewissen Euphorie, einem Stolz andererseits. Nun könne und dürfe man endlich einmal zeigen, was man in langen Jahren der Ausbildung gelernt hätte. Die Zweifel wurden genährt durch die Vorbereitung in den heimischen Standorten, die auch ausführlich darüber belehrt hatte, wie im Todesfalle eines Soldaten dessen Familie versorgt sein würde. Unzureichend, sagte die Gewerkschaft der Bundeswehrsoldaten, der Bundeswehrverband, und so wurde im Bundestag an dieser Stelle immer weiter verhandelt, bis ein halbwegs zufriedenstellendes Ergebnis herauskam.

Ruhepunkt in der ganzen Aufregung war zweifellos Oberst Dora, der in geradezu aufreizender Gelassenheit den Einsatz über dem Kriegsgebiet fast wie einen ganz normalen Übungseinsatz erscheinen lassen konnte. Gegenüber der Presse sehr auskunftsfreudig und mit einem immer offenen Ohr für die Nöte seiner Soldaten und deren Familien, leitete er anfangs diesen Einsatz. Da dies eben der allererste Einsatz verbunden mit wirklichen Gefahren für Leib und Leben der Soldaten war, interessierte sich die deutsche Öffentlichkeit über die Maßen für Nachrichten aus Piacenza.

Ein Punkt, der die Soldaten irritierte, war der Streit der Bundestagsparteien darüber, ob das Grundgesetz die Aktionen eigentlich decke. Selbst die in der Regierung vertretene FDP zweifelte das an. Hatten die Bundestagsparteien erst vergeblich versucht, mit einer Zweidrittelmehrheit das Grundgesetz zu ändern, wofür sich aber keine Mehrheit finden ließ, versuchte man nun eine Klarstellung vor dem Bundesverfassungsgericht. Sozialdemokraten und Freidemokraten brachten Klagen ein. Zwar dämmerte allmählich vielen, dass die Zeit des „Sich-heraushalten-Könnens" für die Deutschen nach dem Ende der Teilung zu Ende ging und sich Deutschland nun an mehr internationalen Aktionen, die militärisches Einschreiten erforderlich machten, werde beteiligen müssen. Viele hatten quasi mit der Muttermilch der jungen Nachkriegsdemokratie eingesogen, dass die Bundeswehr nur zur Verteidigung da sei. Anders als in vielen NATO-Partnerländern mit Großmachtvergangenheit, wie zum Beispiel England oder Frankreich, wo der weltweite Einsatz des Militärs eine lange und mehrheitlich unumstrittene Tradition hat, galt dies in Deutschland nach 1945 als verpönt. Das „Nie wieder Krieg" bestimmte die Einstellung einer breiten Mehrheit. Daran scheint sich auch bis heute nicht wirklich viel geändert zu haben, obwohl die Bundeswehr nun in vielen Auslandseinsätzen mitgewirkt hat, von Kambodscha über Bosnien und Kosovo bis zum jüngsten Einsatz gegen Al Kaida und die Taliban in Afghanistan und gegen die IS durch Schulung der kurdischen Kämpfer im Irak, der Peschmerga, an deutschen Waffen.

1994 urteilte das Bundesverfassungsgericht, das Grundgesetz decke durchaus den Einsatz der Tornado-Einheiten im Rahmen der UNO. Aus diesem Urteil resultiert der Begriff des „Parlamentsheeres". Ein im Grunde begrüßenswerter Rechtsbegriff, denn die Bundesregierung kann nur mit der Zustimmung des Bundestages Streitkräfte außerhalb Deutschlands einsetzen. Eine solche Bundestagsentscheidung gibt jedem Einsatz eine hohe Legitimität und den Soldaten und Soldatinnen in gewissem Umfang Sicherheit, sich auf rechtlich einwandfreiem Boden zu bewegen.

Das Parlament lässt es aber nicht mit dem Beschluss zum Einsatz bewenden, sondern der Verteidigungsausschuss des Bundestages wird regelmäßig über den Fortgang des Einsatzes unterrichtet und kann immer wieder kritische Fragen stellen, ob die Ziele des Einsatzes wirklich erreichbar sind. Zuweilen lässt sich das erst am Ende eines Einsatzes oder noch später wirklich beurteilen.

Auf zweifache Weise war Deutschland in den 90er-Jahren wie seine Nachbarn von den Balkan-Kriegen betroffen. Zehntausende Menschen flohen vor dem Krieg und kamen in Deutschland zunächst einmal vorübergehend unter. Kein Zweifel, dass sie Asylgründe hatten. Aber die Zahl der Menschen, die damals auf der Flucht vor Krieg und Zerstörung zu uns strömte, sorgte nicht nur für eine Welle der Hilfsbereitschaft – besonders in kirchlichen Kreisen –, sondern sie brachte auch eine Auseinandersetzung darüber in Gang, ob das deutsche Asylrecht noch zeitgemäß war. Die Rekordzahl von mehr als 438 000 Asylsuchenden 1992 führte zur Diskussion über das Grundgesetz. In den Jahren 1992/93 endete diese Diskussion schließlich in einer ersten Verschärfung der Asylbestimmungen im Grundgesetz und in den Ausführungsgesetzen. Zwischen der Koalition von CDU/CSU und FDP im Bundestag und der den Bundesrat beherrschenden SPD war in mühsamen, oft nächtlichen Sitzungen ein Kompromiss ausgehandelt worden. Viele dieser Runden fanden in Bonns rheinland-pfälzischer Vertretung statt. Sie konnten erst beginnen, nachdem die Sozialdemokraten unter dem Druck der Zahlen und der öffentlichen Meinung einen Kurswechsel vollzogen hatten. War ihnen gerade nach dem Zweiten Weltkrieg und mit so vielen Menschen in den eigenen Reihen, die während des Nationalsozialismus im Ausland Exil gefunden hatten, das im Grundgesetz verankerte Asylrecht geradezu heilig, so taten sie sich wie auch manche Freidemokraten sehr schwer, die Kriterien enger zu fassen.

Nicht geklärt blieb, wie Zuwanderung zu handhaben ist. Eine bis heute nicht endgültig befriedigend geklärte Frage, die angesichts der demografischen Entwicklung unseres Landes aber dringend zu lösen ist.

Ab 1998 mussten viele Bosnier Deutschland wieder verlassen. Sie konnten teils nicht zurück in ihre Heimat, da ihre Häuser in Gebieten lagen, die bei der inneren Grenzziehung in Bosnien und Herzegowina eine Rückkehr unmöglich machten. Manche gingen nach Australien oder in die USA. Einige leben bis heute in Deutschland. Ihr Kinder und Enkel sind integriert in die deutsche Gesellschaft.

Unvergessen ist der Streit um den Einsatz der AWACS-Flugzeuge über der türkischen Grenze zum Irak 2003. Um die Türkei vor möglichen Flugzeugangriffen aus dem Irak auf Flüchtlinge aus dem Land zu schützen, überlegte die NATO, einige AWACS-Maschinen an die türkische Ostgrenze zu verlegen. Die Flugzeuge der Marke Boeing, die als Erkundungsflugzeuge eingesetzt werden und gleichzeitig den Einsatz von Kampfflugzeugen steuern können, sind eines der wenigen von der NATO gemeinsam betriebenen Waffensysteme. Sie sind stationiert in Geilenkirchen bei Aachen und werden unmittelbar aus dem militärischen NATO-Hauptquartier in Mons an der belgisch-französischen Grenze befehligt. Kommandeur zu jener Zeit war Johann Georg Dora, Luftwaffengeneral, der ein politisches Gefühl dafür hatte, wie sich Bundeswehr verkaufen musste innerhalb des deutschen Parlaments.

Die Diskussion im Bundestag kreiste entlang der Frage, wie ein solches Waffensystem eingesetzt werden kann, wenn der UN-Sicherheitsrat eine Resolution verweigert und der Einsatz ohnehin nicht unbedingt zu militärischen Aktionen führen muss. Das spezifische

Problem der Deutschen war damals, dass ein Großteil der gemischten Mannschaften an Bord deutsche Soldaten waren. Wäre der Bundestag dem Ansinnen nicht gefolgt, hätten die NATO-Flugzeuge teilweise am Boden bleiben müssen. Es wurde bereits überlegt, baugleiche britische und französische, aber ausschließlich mit den Soldaten dieser Länder besetzte Flugzeuge in der Türkei einzusetzen. Für die Bundeswehr wäre das ein erheblicher Gesichtsverlust gewesen.

So kam General Dora auf die Idee, Parlamentarier des Verteidigungsausschusses nach Geilenkirchen einzuladen und ihnen die Schwierigkeiten bei einem konkreten Flug fast unter Einsatzbedingungen vorzuführen. Eine Gruppe von ca. zwölf Abgeordneten reiste an, unter ihnen der damalige Staatssekretär des Verteidigungsministeriums, Hans Georg Wagner von der SPD, sowie der damals noch sehr junge Abgeordnete Karl Theodor zu Guttenberg, CSU, der spätere Verteidigungsminister. Sehr präzise wurde den Abgeordneten erklärt, welche Aufgaben diese Aufklärungsflugzeuge übernehmen konnten. Die Abgeordneten überzeugten sich persönlich davon, wie gemischt die Mannschaften an Bord waren. Nach der vierstündigen Demonstration musste eigentlich allen klar sein, worum es bei dem geplanten Einsatz der Maschinen in der Türkei ging.

Umso witziger war die Reaktion des parlamentarischen Staatssekretärs Hans Georg Wagner, nachdem wir wieder am Boden waren und ich ihn um ein Interview bat: Er rief im Ministerium an, um herauszufinden, was er denn nun wohl sagen dürfe. Und was dann kam, war überaus vorsichtig: Ja, natürlich könnten die Deutschen in dieser Situation nicht aus den Flugzeugen aussteigen, denn das würde die AWACS-Flugzeuge schlicht und einfach unnütz machen. Ohne die deutschen Soldaten in den unterschiedlichsten Funktionen würden die Flugzeuge nicht in einen mehrwöchigen oder gar mehrmonatigen Einsatz gehen können. Aber man müsse sich juristisch absichern und so weiter und so weiter. Ganz anders „KT Guttenberg", wie ihn seine Freunde nennen. Für ihn war vollkommen klar: Wenn die Deutschen sich jetzt zurückzögen, dann verspielten sie innerhalb der NATO noch mehr Glaubwürdigkeit. Der Schaden, der aus Sicht der Union durch die Weigerung Schröders entstanden war, sich am Irak-Feldzug zu beteiligen, würde so noch größer.

Kaum ein General, hat so viele unterschiedliche Verteidigungsminister so gut kennengelernt wie der 1942 geborene Harald Kujat.

Seine Mutter floh am Ende des Krieges aus Westpreußen in die Nähe von Hannover, der Vater war im Krieg gefallen. Dass er sich entschied, Soldat zu werden, so behauptet er, lag ausschließlich am Verdienst. Zur Bundeswehr habe er ohnehin gemusst, also meldete er sich freiwillig, das wurde einfach besser bezahlt. Zwar sagt er von sich selbst, alle Schritte seien Zufälle gewesen, so ganz glauben mag man das aber nicht. Er lernt Helmut Schmidt kennen und war aktiv im Dienst bis zum Verteidigungsminister Peter Struck. In der Militärabteilung des Kanzleramtes diente er sowohl unter Helmut Schmidt als auch unter Helmut Kohl. Wesentliche Etappen des Bundeswehrumbaus nach der Vereinigung hat er an Schlüsselstellen mitgestaltet. Dabei fiel auf, dass er sich eine politische Meinung erlaubte, die nicht immer völlig mit der des jeweiligen Dienstherrn übereinstimmte.

Kujat war Direktor des Einsatzstabes der NATO beim Einsatz der friedenserhaltenden Truppen in Bosnien 1995. Als der Kosovo-Krieg 1999 ausbrach, war er Leiter des Planungsstabes in Bonn. Den Afghanistan-Einsatz erlebte er zunächst als Generalinspekteur und dann als Chef des Militärkomitees der NATO in Brüssel. Zwar begann der Einsatz der Bundeswehr zunächst in der südlichen Provinzhauptstadt Kunduz, die anfangs als verhältnismäßig ruhig galt. In Deutschland wurde der Gesamteinsatz auch damit beworben, dass ja neben der Bundeswehr immer Diplomaten und Beamte des Entwicklungsministeriums an den jeweiligen Bundeswehrstandort gesandt wurden, um von Anfang an mit beim Wiederaufbau des durch jahrzehntelange Kriege zerstörten Landes zu helfen. Zehn Jahre lang hatten sowjetische Truppen Afghanistan besetzt, bevor sie sich geschlagen wieder nach Hause aufmachten. Anschließend hatten die Taliban versucht, die Stämme Afghanistans ihrer Form des Islam zu unterwerfen. 2001 kamen die US- und die NATO-Truppen als Vergeltungsmaßnahme auf die Terroranschläge auf New York und Washington.

Insgesamt, so bilanziert Harald Kujat aus heutiger Sicht, war der Afghanistan-Einsatz der Bundeswehr im Verbund mit allen anderen zwar berechtigt, aber am Ende nicht wirklich erfolgreich. Mangelnde Koordination zwischen Politik und Militär und zu wenig Einsatzkräfte haben zwar die Al Kaida aus dem Land getrieben, aber die Taliban wurden wieder stark gemacht.

Ein wesentlicher Teil von Politikgestaltung geschieht ohne Zweifel in einem demokratisch verfassten Staat wie der Bundesrepublik mit einem Berufsbeamtentum durch Beamte. Sie sind sachkundig, mit den Schwierigkeiten der Sachverhalte vertraut, und wenn sie dann auch noch in der Lage sind, neue Ideen zu entwickeln, die ein Politikfeld voranbringen können, umso besser. Einer dieser Beamten ist Wilhelm Schönfelder, dessen Tätigkeit im Auswärtigen Amt aufs Engste immer mit

Europa verbunden war. Auf einem Papier von ihm aus dem Jahr 1994 fußte ein Großteil der berühmten Humboldt-Rede von Joschka Fischer, die dieser, damals schon Außenminister, als Privatperson an der Humboldt-Universität zu Berlin hielt. Dabei ging es im Kern bereits Mitte der 90er-Jahre um einen europäischen Verfassungsvertrag. Das Papier wurde weitergeschrieben, verfeinert und erblickte so als Rede Fischers am 12. Mai 2000 das Licht der Öffentlichkeit.

Der Vortrag erzeugte ein beachtliches Echo. Er wollte dazu beitragen, dass nach der Schaffung der Währungsunion Wege gesucht werden, wie die Integration Europas zukünftig aussehen könnte. Das sollte nicht das Ende der Nationalstaaten bedeuten, das sollte nicht die Vereinigten Staaten von Europa ausrufen, aber zwischen verschiedenen Modellen ging es immer um mehr Integration, wie immer die auch konkret aussehen sollte. Das könnte durch eine Gruppe von Staaten geschehen, durch einen Kern, wie auch immer sich das bewerkstelligen ließe. Mehr politische Integration müsse es sein, die alle bisherigen Einzelmaßnahmen überwölben solle und am Ende zu einem wirklich gemeinsamen Europa mit starken subsidiären Strukturen führen könnte.

All das haben Schönfelder und ein paar Europaexperten in den Jahren zuvor angesichts der Erweiterung und der nun festliegenden Einführung der Währungsunion vorgedacht. Ihnen ist dabei wichtig, dass, wie immer auch eine Kerngruppe von Ländern voranschreite, die Tür für die anderen offen bleibe, damit sich alle beteiligen könnten, wenn sie es denn wollten.

Von dieser Humboldt-Rede des „Privatmanns" Joschka Fischer führte, so sieht es Wilhelm Schönfelder heute, ein gerader Weg zum Europäischen Verfassungskonvent, der 2002 begann. Erstmals saßen Europaparlamentarier, Minister und Vertreter der Nationalparlamente zusammen, um einen Entwurf für so etwas wie eine Verfassung zu formulieren. Ein mühsamer Prozess, der schließlich nach mehreren Anläufen zum Lissabonner Vertrag führte, noch weit entfernt von einer wirklichen Verfassung, die die Integration Europas mit Riesenschritten nach vorne bringen würde.

Ganz im Gegenteil: In der Folge der im September 2008 aufbrechenden Krise des Finanzsystems ist die Perspektive zu mehr Gemeinsamkeit eher wieder geschrumpft denn gewachsen. Fischer zog sich 2006 nach der verlorenen Wahl aus der deutschen Politik zurück. Um Geld zu verdienen, gründete er eine Beratungsfirma, die große Firmen wie BMW, REWE und andere berät. Gelegentlich greift er noch mal mit mahnenden Worten in die politische Diskussion ein, wenn er dem vereinigten Deutschland in der gegenwärtigen europapolitischen Krise eine besondere Verantwortung zuschreibt. Aus seiner Sicht liegt es wesentlich an Deutschland, wie sich in den kommenden Jahren die Europäische Union weiterentwickeln werde. Dabei komme es besonders auf die Entwicklung der Eurogruppe an.

Keine Frage, in der Analyse hat er weitgehend recht. Aber auch er kann nicht beschreiben, wie ein erfolgreicher Weg dahin aussehen soll. Noch so gut gemeinte Appelle reichen nicht. Woran es fehlt, sind praktikable Schritte, die attraktiv zu verkaufen sind, damit die Wähler, die europäischen Bürger, Ja sagen zum neuen Weg.

Die schwierige Frage ist nun: Wie kann man die Renationalisierungstendenzen in vielen Länder der Europäischen Union verbinden mit einem Integrationskurs für Europa, der die Union langsam und sicher zusammenführt, nicht aber sprengt? Welche neuen Projekte gibt es, die Europa nicht ausschließlich als „Regulierungsbehörde" erscheinen lassen, die sich in die Details des Alltags der Bürger so einmischt und diese verärgert? Lassen sich Wege finden, die Attraktivität Europas wieder zu steigern und gleichzeitig den ursprünglichen Gedanken wieder leuchten zu lassen?

Die Europäische Union wurde gegründet, um Frieden in Europa abzusichern. Um den Aufschrei in Europa nach zwei Weltkriegen „Nie wieder Krieg" unumkehrbar zu machen.

Nach den Ereignissen auf dem Balkan in den 90er-Jahren des vorigen Jahrhunderts und der anhaltenden Krise um Georgien und die Ukraine ist keineswegs sicher, dass Kriege in Europa unmöglich sind.

So geht Frieden nicht!

Donald Rumsfeld

Selten hat ein US-amerikanischer republikanischer Politiker Europa so polarisiert wie Donald Rumsfeld, der Mehrfachverteidigungsminister. Zuerst diente er unter Gerald Ford 1974 als Chef des Stabes des Weißen Hauses, bevor er 1975 erstmals Verteidigungsminister wurde, der jüngste, den die USA je gehabt haben. Zuvor hatte er bereits im Kabinett Nixon gearbeitet als Chef des Office for Economic Opportunity, bevor er zum NATO-Botschafter in Brüssel berufen wurde. Als Nixon im Zuge der Abhöraffäre während seines Wahlkampfes 1972 und deren Aufdeckung durch die „Washington Post"-Reporter Bob Woodward und Carl Bernstein schließlich am 9. August 1974 zurücktrat, holte sein Nachfolger im Amt, Gerald Ford, Rumsfeld in seinen Beraterstab. Rumsfeld und Ford verband ein besonderes Verhältnis, hatte doch Rumsfeld während seiner Tätigkeit als republikanischer Abgeordneter seines Heimatstaates Illinois zwischen 1962 und 1968 geholfen, dass Ford Fraktionsvorsitzender werden konnte gegen den Amtsinhaber Charles A. Haleck.

1976 verlor Gerald Ford die Wahlen gegen Jimmy Carter, und so ging Rumsfeld für einen längeren Zeitraum in die Wirtschaft und verdiente viel Geld in verschiedenen Biochemie-Unternehmen. Wie konservativ er wirklich ist, zeigt eine Episode aus seiner Zeit bei dem Pharmakonzern J. D. Pearl: Er brachte die Firma wieder in den Gewinnbereich, indem er 60 Prozent des Personals entließ.

1998 kam er wieder zurück in die Politik. Er leitete eine Kommission, die die zunehmende Bedrohung der USA durch Schurkenstaaten wie Nordkorea analysierte. Das führte schließlich noch unter Bill Clinton zum National Missile Defense Program – der Idee einer nationalen Raketenabwehr, die satellitengestützt, Mittel und Langstreckenraketen beispielsweise aus Nordkorea oder dem Iran schon im Anflug vernichten sollte. Das Projekt hat bis heute nicht nachgewiesen, ob es wirklich funktioniert.

Mit George W. Bush jun. zog Rumsfeld im Januar 2001 wieder als Chef ins Pentagon ein, vor allem gestützt durch den Vizepräsidenten Dick Cheney, mit dem er am rechten Flügel der Republikaner bis heute aufs Engste verbunden ist.

Rumsfeld entwickelte mit seinen Beratern nicht nur das National Missile Defense Program weiter, sondern er setzte auf umfassend mehr Technologie, die Kriege in Zukunft mit weniger personellen Verlusten führbar machen sollte. Der perfekte Krieg sozusagen, der einen Sieg möglich macht, ohne die Soldaten der angreifenden Partei unnötig zu gefährden. Dazu gehört eine umfassende Vernetzung elektronischer Informationen, die es auf dem Kriegsschauplatz gibt und die die jeweiligen Kommandeure und ihre Truppenführer befähigen sollen, in Echtzeit beispielsweise Luftunterstützung anzufordern und zu erhalten. Dazu gehören die Aufklärungsdrohnen und vor allem die bewaffneten Drohnen, die immer wieder Führungspersonal terroristischer Gruppen wie Al Kaida, aber auch unbeteiligte Zivilisten töten. Ihr Vorzug aus Rumsfeld'scher Sicht lag und liegt darin, dass diese unbemannten Flugzeuge hochbewaffnet, in Realzeit aus dem fernen Arizona gesteuert, Ziele im Irak, im Jemen oder sonst wo auf der Welt anfliegen und mit den mitgeführten Bomben bekämpfen können. „Transformation des Militärs" nannte er das.

Acht Monate nach seinem Amtsantritt ereignete sich „9/11". Mit vier entführten Flugzeuge griffen Terroristen die Twin Towers, die Zwillingstürme in New York, das Pentagon in Washington D. C. sowie das Weiße Haus an – diese Maschine wurde allerdings von den Passagieren in Pennsylvania zum Absturz gebracht. Der Angriff auf die USA führte zum ersten Mal in der Geschichte zur Ausrufung des Beistandsartikels nach Artikel 5 des NATO-Vertrages: Ein Angriff auf ein Mitglied der NATO ist ein Angriff auf alle Mitglieder, und alle sind aufgerufen, dem Mitglied zu helfen.

Jeder Mann und jede Frau entsprechenden Alters wird sich bis heute erinnern können, wo er oder sie jenen Moment verbachte, an dem sich die Angriffe in New York ereigneten. In Europa war es der frühe Nachmittag. Ich war zu dem Zeitpunkt, kurz nach 14.00 Uhr, zu einem Gespräch beim damaligen belgischen Verteidigungsminister André Flahaut. Wir hatten gerade eine Viertelstunde geredet, da kam seine persönliche Referentin ganz aufgeregt ins Zimmer und forderte uns auf, herauszukommen, um zu sehen, was da im Fernsehen live gezeigt wurde. Jeder hat diese Bilder bis heute im Gedächtnis.

Das Treffen endete sofort, keiner von uns ahnte ja, ob nicht auch in Brüssel, zum Beispiel auf das NATO-Hauptquartier oder auf die Zentrale der Europäischen Union, ein ähnlicher Anschlag geplant sei. Man war zutiefst verunsichert, was noch alles geschehen würde. Im Moment der Anschläge in New York und Washington war klar: Die USA hatten ihre bisherige Unverwundbarkeit gegenüber der Welt außerhalb des nordamerikanischen Kontinents verloren. Für die USA wirkte es wie jener Schock, den die Japaner ihnen im Zweiten Weltkrieg versetzt hatten, als sie mit ihren Flugzeugen

1941 Pearl Harbor im Pazifik angriffen und einen Großteil der pazifischen Flotte der USA vernichteten.
Gerhard Schröder hatte aus Berlin US-Präsident Bush in
einem Telegramm sein Mitgefühl zum Tod so vieler
Menschen übermittelt und versichert:

„Das deutsche Volk steht in dieser schweren Stunde an
der Seite der Vereinigten Staaten von Amerika. Ich
möchte Ihnen und dem amerikanischen Volk mein tief
empfundenes Beileid und meine uneingeschränkte Solidarität aussprechen."

In Brüssel fuhr ich mit einem Kamerateam zum
NATO-Hauptquartier im Stadtteil Ixelles, wir wurden
Zeugen, wie die Fahnen der Mitgliedsländer und die
NATO-Flagge auf Halbmast gesetzt wurden. Der Stän-
dige Rat der NATO tagte bereits, also die Botschafter
aller Mitgliedsländer. Sie waren es dann, die nach Rück-
sprachen mit ihren Hauptstädten am nächsten Tag den
Artikel 5 des NATO-Vertrages ausriefen.

Zu dem Zeitpunkt wusste kein Mensch, wer wirklich
hinter den Anschlägen steckte. Wahrscheinlich war, dass
die USA militärisch antworten würden, und unklar war,
ob weitere Ziele im Fokus der Terroristen lagen. Das diplomatische Hauptquartier der NATO liegt unweit des
Brüsseler Flughafens, sodass immer wieder Maschinen
über dem großen Gelände zu Start oder Landung fliegen.
Und selbst mit dem Abstand von fast 15 Jahren erinnere
ich mich noch sehr genau, dass ich damals ein mulmiges
Gefühl hatte bei dem Dreh am späten Nachmittag auf
dem Gelände der NATO, wenn ein Flugzeug am Himmel
zu sehen war in nicht allzu großer Entfernung. Was,
wenn nicht ein NATO-Hauptquartier könnte ein prächti-
ges Ziel für Terroristen abgeben, die die westliche Militärallianz als eines der Grundübel ansehen?

Die Gesamtsituation war unübersichtlich. Noch waren
an jenem Dienstag die Bekennervideos von Osama bin

Laden nicht aufgetaucht, noch wusste man nichts von der Hamburg-Verbindung einiger der Attentäter, was am Ende die Sache für Deutschland ja umso schlimmer machte.

Im Pentagon, so erfuhr man im Laufe des Abends, hatte Donald Rumsfeld selbst Hand angelegt bei der Rettung jener Menschen, die in dem Flügel gearbeitet hatten, in den das Flugzeug von den Terroristen gelenkt worden war.

Der Präsident befand sich außerhalb von Washington D. C. und wurde von seiner Sicherheit bis auf weiteres mit seinem fliegenden Kommandostand „Air Force One" in der Luft gehalten, bis man wusste, ob weitere Angriffe zu erwarten waren. Der Flugverkehr über den USA und zwischen den Kontinenten kam binnen Kurzem zum Stillstand. Die Luftwaffe der USA war mittlerweile aufgestiegen und beobachtete jede Flugbewegung nicht länger nur an den Radarschirmen, sondern solche Maschinen, die sich in irgendeiner Form verdächtig machten, sogar mit Blickkontakt.

Der frischgebackene Generalinspekteur der Bundeswehr in Berlin, Harald Kujat, begann zu überlegen, was die Umsetzung des Artikels 5 des NATO-Vertrages bedeuten könne und welche Anforderungen die USA möglicherweise wirklich an die europäischen Partner haben könnten. Um Überraschungen zu entgehen, flog er nach dem Bundestagsbeschluss vom 19. November 2001 ins Central Command der Amerikaner, um abzusprechen, was für Deutschland leistbar sei und was nicht. A-WACS-Maschinen zur verstärkten Überwachung des US-amerikanischen Luftraums hatte die NATO unmittelbar nach den Attacken in die USA gesandt. Zwar verfügen auch die USA über solche Luftaufklärungs- und Gefechtsführungsmaschinen in der Luft, sie befanden sich in dieser Zeit allerdings nur in geringer Zahl in den USA. Bis zum 11. September 2001 hatte in den USA niemand mit solch einer Gefährdung gerechnet. Nun wurden die Operationspläne insgesamt neu geschrieben. Klar war bald, die USA würden Osama bin Laden und Al Kaida in Afghanistan angreifen. Bei Kujats Besuch entstand die Idee, dass sich Deutschland in Afghanistan in einem nicht ganz so heiß umkämpften Teil werde beteiligen können, in Kundus. Und Kujat sagte zu, dass die Spezialstreitkräfte der Deutschen, das Kommando Spezialstreitkräfte (KSK), eingesetzt werden könnten, wenn es um die Suche nach Osama bin Laden gehe. In der Tat kamen die Elitesoldaten zum Einsatz, doch kaum einer in Deutschland nahm davon Notiz. Das war natürlich dem geheimen Umgang mit dieser Einheit geschuldet.

Für Donald Rumsfeld war damals klar: Es geht um die Vernichtung von Al Kaida in Afghanistan und um die Überwindung der Herrschaft der Taliban in diesem multiethnischen Land. Moderne Kriegsführung mit Drohnen, Flugzeugen und hochspezialisierten Soldaten, die technisch bestens ausgerüstet wurden, sollte dazu beitragen, ein Anwendungsbeispiel für das transformierte Militär. Doch als unmittelbare Antwort auf die Attacke fiel das Militär zunächst mal aus. Nur die Central Intelligence Agency (CIA) war informiert, hatte Agenten vor Ort und konnte, mit den einheimischen Kräften der afghanischen Nordallianz zusammenarbeitend, zunächst die Taliban jagen und schließlich aus vielen Städten einschließlich der Hauptstadt Kabul vertreiben.

Was Rumsfeld in seiner Mission übersah, waren die komplizierte Geografie und die komplizierte Stammesstruktur Afghanistans. Bis zu anderthalb Millionen Menschen waren durch die sowjetische Invasion von

1979 bis 1989 gestorben, mehr als fünf Millionen Menschen waren vor dem andauernden Krieg geflohen. Anschließend hatten die Taliban nach und nach das Land übernommen und eine radikale islamistische Diktatur errichtet. Im Grenzgebiet zwischen Pakistan und Afghanistan hatte sich Al Kaida unter Leitung von Osama bin Laden eingerichtet.

Ihn wollten Bush, Cheney und Rumsfeld treffen und dabei gleich noch die Demokratie in Afghanistan etablieren. Und das alles mit modernsten Waffensystemen, die das amerikanische Militär vor allzu hohen Opfern schützen sollte. Hightechkrieg mit wenig Personal. Am Ende stellte sich heraus: Das hat nicht so geklappt, wie er sich das wünschte.

Und es dauerte viel länger, als man zu Beginn dachte. Immer im Auge dabei hatten Rumsfeld und Cheney den Irak-Krieg gegen Saddam Hussein, den Bushs Vater Anfang der 90er-Jahre geführt, aber nicht wirklich beendet hatte, wie sie glaubten. Der Diktator herrschte noch immer. Diese Situation sollte nun endgültig erledigt werden. Gleich 2001 wollten sie gegen den Irak losschlagen. Sie erweckten den Eindruck, Saddam Hussein habe mit den Attacken auf die USA zu tun. Beweisen konnten sie das nicht.

2002/2003 sah Donald Rumsfeld seine Stunde gekommen, den Irak endlich anzugreifen und damit nicht zuletzt unter Beweis zu stellen, dass die USA in der Lage sind, mindestens zwei Kriege gleichzeitig zu führen. Zuvor hatte George W. Bush vom Pentagon immer wieder Pläne entwerfen lassen, um Saddam Hussein aus seinem Amt zu entfernen. Offizieller Grund war, Aktivitäten des Saddam-Regimes in den Bereichen atomare, chemische, biologische Waffen zu unterbinden und die Gefährdung der Region durch den Besitz solcher Waffen zu stoppen. Im sechsjährigen Krieg zwischen dem Iran und dem Irak hatte Hussein in Halabja chemische Waffen gegen seine eigene Bevölkerung eingesetzt. Und George W. Bush hatte im Sommer 2002 seine Theorie der „preemptive strikes", der, wenn man so will, konventionellen Erstschlagskapazität oder auch Präventivkrieg genannt, vorgestellt. Die USA müssten künftig im Vorfeld solcher Angriffe wie 9/11 in der Lage sein, den Gegner auszuschalten, bevor der überhaupt eine reale Gefahr werden könne. Das sandte eine Schockwelle durch die NATO in Brüssel. Denn in allererster Linie war die NATO immer als ein Verteidigungsbündnis gesehen worden, das auf einen Angriff reagiert. Ein Angriffskrieg lag außerhalb der Vorstellung auch vieler NATO-Militärs.

In Berlin diskutierte das SPD-Präsidium die Lage, und der wahlkämpfende Kanzler Schröder erklärte, ein Irak-Krieg auf der Basis der bisherigen Erkenntnisse werde ohne Deutschland stattfinden.

Am 5. Februar 2003 kam es zu jener denkwürdigen Sitzung des Weltsicherheitsrates der Vereinten Nationen, in der der damalige Außenminister Colin Powell mit einer PowerPoint-Präsentation untermauern wollte, dass der Irak nach chemischen und biologischen Waffen strebe. Den Vorsitz führte Joschka Fischer, Deutschland hatte im Februar die Leitung des Sicherheitsrates übernommen. Der Vortrag von Powell war, wie wir heute wissen, ein Konstrukt aus dem Büro von Vizepräsident Dick Cheney. Damit sollte der geplante Angriff auf den Irak stichhaltig begründet werden und dies zu einer Zustimmung des Weltsicherheitsrates führen. Colin Powell bezeichnete seinen Auftritt im Sicherheitsrat später als „den Schandfleck in meiner Karriere". Die „gesuchten" chemischen Waffen gab es nicht.

Kurz nach dieser Sitzung traf sich die Sicherheitscommunity bei der alljährlichen Münchner Sicherheitskonferenz, früher Wehrkundetagung genannt. Deren Charakter hat sich durch die Umbenennung nicht wirklich geändert. Donald Rumsfeld trat auf und warb für den Irak-Krieg. Klar war mittlerweile, dass große Teile Europas nicht gewillt waren, in diesem Krieg mitzumachen. Insbesondere Deutschland und Frankreich waren gegen einen Einmarsch im Irak. Großbritannien war dafür, was dem damaligen Premierminister Tony Blair den Beinamen „der Pudel Bushs" einbrachte. Das Wall Street Journal, zum Imperium des Medientycoons Richard Murdoch gehörend, hatte eine Initiative zur Unterstützung des Krieges gestartet, die in einem offenen Brief die USA unterstützte. Neben Großbritannien hatten diesen Brief Dänemark, Spanien, Tschechien, Italien, Polen, Portugal und Ungarn unterschrieben. Das veranlasste Donald Rumsfeld, vom alten und vom neuen Europa zu reden. Klar, wem seine Sympathien galten. In München legte er sich ins Zeug, um alle von der Notwendigkeit zu überzeugen.

Joschka Fischer antwortete sehr erregt: „Secretary, I am sorry, I am not convinced." Sie haben mich nicht überzeugt. Die Allianz gegen den Terror dürfe nicht durch einen weiteren Kriegsschauplatz gefährdet werden, die UN-Inspektoren müssten weiter im Irak arbeiten können, bis sie zu Ergebnissen ihrer Untersuchungen in Sachen Chemiewaffen kämen. Außerdem verteidigte Joschka Fischer die Position derjenigen Bündnispartner, die einer Militärintervention kritisch gegenüberstanden. „Warum jetzt und warum diese neue Prioritätensetzung?", fragte Fischer den Pentagon-Chef. Der Satz „Sie haben mich nicht überzeugt" sollte zum Symbol einer tiefen Krise werden, die nicht nur das deutschamerikanische Verhältnis, sondern auch die NATO auf Jahre weiter beschäftigte. Doch nicht nur das. Das Rededuell der beiden Minister, verbunden mit der anschlie-

ßenden lebhaften Plenumsdiskussion, sorgte für Riesen-
aufsehen: So hatte schon lange keiner, schon gar nicht
ein deutscher Außenminister, einem prominenten Vertreter der USA widersprochen. Es sind solche spontanen
Auseinandersetzungen, die dem Berichterstatter Freude
machen, denn so ist der Gegensatz überdeutlich. Keine
Notwendigkeit, in die ansonsten häufig ziselierte Sprache noch irgendwelche Interpretationshilfen für den
Fernsehzuschauer einzubauen, weil man aus Hinter-
grundgesprächen ja schon von der Uneinigkeit der beteiligten Streitparteien weiß. Hier gab es endlich mal vor
laufenden Kameras eine Auseinandersetzung, die die
Unterschiede klarmachte, für jeden nachvollziehbar.
Mochte jeder danach urteilen, auf wessen Seite er stehen
wollte.

Der Sicherheitsrat verweigerte die erbetene Resolution, und schließlich begannen die USA am 19. März 2003
mit ihren Verbündeten wie Großbritannien den Krieg
ohne Mandat.

Den Sturz der Saddam-Statue in Bagdad erlebte ich
übrigens als Zuschauer in Straßburg, wo ich eigentlich
einen Bericht über das Europaparlament für die um
16.00 Uhr stattfindende Sendung „Heute in Europa"
fertig machte. Aus mir bis heute unerklärlichen Grün-
den übernahm das ZDF die Live-Bilder aus dem Irak,
die ab ca. 14.00 Uhr den Einmarsch in Bagdad und das
symbolische Stürzen der Statue Saddam Husseins zeigten, natürlich US-amerikanischer Networks, die den
Triumph nach Hause melden sollten.

In jenem Krieg wiederholte sich, was schon im Afghanis-
tan-Krieg begonnen hatte: Reporter wurden „embedded",
sprich an der kurzen Leine des US-Militärs im Vormarsch-
gebiet mitgeführt, ohne dass sie sich selbstständig ein
wirklichkeitsgetreues Bild von der Lage machen konnten.

Seit dem Vietnamkrieg hatte das Pentagon die Berichterstattung aus Konfliktgebieten radikal geändert. Die Politik, egal welcher Farbe, hatte nämlich die Medien dafür verantwortlich gemacht, dass der Vietnamkrieg so ins Kreuzfeuer der Kritik geraten war. Nicht nur die toten Soldaten, die in Särgen nach Hause zurückkehrten, sondern auch die ungeschützte und unzensierte Berichterstattung über die Gräueltaten, den Einsatz von chemischen Waffen – etwa jenes berühmte Bild des brennenden kleinen vietnamesischen Mädchens, das vor dem Kampf wegläuft –, hatte dem Vietnamkrieg selbst in den USA die Basis entzogen.

Höhepunkt des jetzigen medialen Ablenkungsmanövers war die Landung von Präsident George W. Bush auf dem US-Flugzeugträger Abraham Lincoln vor Kaliforniens Küste, dekoriert mit dem großen Banner „Mission accomplished", Mission erfüllt, am 1. Mai 2003. Auch wieder eine Show fürs Fernsehen, die klarmachen sollte, die Hauptaufgabe sei erledigt, nun werde man nicht mehr groß kämpfen müssen. Welch grandiose Irreführung der Öffentlichkeit.

Im Herbst desselben Jahres fand in Colorado Springs ein NATO-Verteidigungsministertreffen statt. Ich arbeitete gerade an einem Film, gemeinsam mit dem Fernsehen der New York Times produziert: „Der perfekte Krieg". Seit Monaten versuchten wir, den US-Verteidigungsminister für ein Interview zu gewinnen; vielleicht sollte es da klappen, hatten uns die US-Vertreter in Brüssels NATO-Botschaft in Aussicht gestellt. Und in der Tat, einen Tag vor Beginn des eigentlichen Treffens wurde ich eingeladen zu einem Hintergrundgespräch mit Donald Rumsfeld in Colorado.

Ein kleiner Kreis von Journalisten saß am Morgen des 7. Oktober beim Frühstück dem erklärten Falken der

US-Regierung gegenüber. Er warb wie immer für seine Idee von der Transformation der NATO, die sich nach dem Muster der von ihm angestrebten Transformation des US-Militärs vollziehen solle. Allerdings war ihm zwei Tage vor diesem Treffen eine große Schlappe in Washington widerfahren. Der Sicherheitsberaterin von Präsident Bush, Condoleezza Rice, war gerade gegen seinen erklärten Willen die oberste Kompetenz für die Irak-Politik nach dem Krieg übertragen worden, ohne dass er gefragt worden war. Der Wiederaufbau lag nun nicht mehr im Einflussbereich des Pentagon und Donald Rumsfelds, wie er es eigentlich seit Kriegsbeginn geplant habe. Peter Spiegel von der Financial Times, damals in Washington, sowie einige andere fragten immer wieder, wieso er diese Schlappe erlitten hatte, nachdem er uns zunächst erzählt hatte, er sei erst durch ein Memorandum von Frau Rice informiert worden. Er wurde sehr schnell sehr ungehalten und fauchte vor allem mich an: „Ich sagte doch, ich weiß es nicht. Ist das nicht klar? Verstehen Sie kein Englisch?" Offensichtlich ging ihm diese Behandlung so gegen den Strich, dass er seinem Unmut vor einer Runde europäischer Reporter Luft gemacht hatte.

In der Behandlung des Irak in der Zeit nach der Eroberung hatte das Militär unter seiner Führung keine gute Figur gemacht. Deswegen war ihm nun die Kompetenz entzogen worden, und zwar im Gespräch mit ihm, Außenminister Powell und CIA-Direktor Tenet. Da wir insistierten, dies sei aber doch für ihn eine Niederlage, behandelte er mich wie oben beschrieben. Immerhin brachte mir das die Erwähnung als deutscher Rundfunkreporter auf Seite 1 der Financial Times und der New York Times ein, unterstreichend, wie sehr gegen den Strich Rumsfeld diese Entscheidung des Weißen Hauses gegangen war, die offensichtlich auch sein Förderer Vizepräsident Cheney nicht hatte verhindern wollen oder können.

Der perfekte Krieg, von dem Rumsfeld geträumt hatte und den er mit aller Macht am Beispiel des Irak-Krieges vorführen wollte, ist mittlerweile Geschichte. Bei allen Fortschritten der Technik, der Elektronik, der Panzerung, der neuen und modernsten Waffen: Es gibt ihn nicht, und gerade im Irak wurde klar ebenso wie in Afghanistan, dass die Zivilisten besonders unter dem Krieg leiden. Sie sterben, sie haben kein Wasser, nichts zu essen, keine Medikamente.

Es gibt ihn eben nicht, den perfekten Krieg, von dem die Industrie Donald Rumsfeld einst träumen ließ.

Und nicht nur im Irak galt ab diesem Treffen der NATO-Verteidigungsminister eine neue Ordnung durch das Büro für Wiederaufbau, das nach dem Krieg die staatlichen Strukturen wiederherstellen sollte, das Gleiche galt auch für Afghanistan.

Und über noch eine wichtige Sache verständigten sich die Minister in dem Wintersportort: Die NATO-geführte Truppe in Afghanistan werde ihre Tätigkeit nicht länger auf die Hauptstadt Kabul beschränken, sondern im gesamten Land aktiv werden. Wozu das führte, haben wir in den folgenden zwölf Jahren gesehen. Die Bundeswehr verlor in Afghanistan 55 Soldaten durch Attentate, Gefechte und einige wenige auch durch Selbstmorde. Die Opfer vieler anderer beteiligter Nationen bei der Operation am Hindukusch sind wesentlich höher. Erstaunlich genug, wie sie mit dem Tod ihrer Soldaten umgehen. In allen beteiligten Demokratien tragen gefallene Soldaten zu einer Diskussion über den Sinn des Einsatzes bei. Je höher die Verluste, desto größer wird dann der Druck, die Aktion zu beenden. Das veranlasste mich dazu, beim gemeinsamen Schreiben des Textes für den Film „Der perfekte Krieg" mit meinem NYT-Kollegen einen halben Tag darüber zu diskutieren, ob man den Satz „Demokratien vertragen keine toten Soldaten" nicht in den Film nehmen müsse. Nach einem halben Tag gab er widerwillig nach. Als ich ihn 2011 in Washington wiedertraf, sagte er: „Im Grunde hast du damals recht gehabt, ich hab das nur nicht so sehen wollen." Der einstige Experte für Militärisches und Geheimdienste hat sich mittlerweile aus diesem Gebiet vollkommen zurückgezogen. Zu schwierig sei es in den USA geworden, an wirklich verlässliche Informationen in diesem Bereich zu kommen. Letztere Beobachtung gilt sicher nicht nur für die USA.

Auch in anderen Demokratien ist die Offenheit des Militärs gegenüber der Berichterstattung durch Journalisten einer nahezu propagandaartigen „Führung" der Berichterstattung gewichen. Von Nicht-Demokratien wie Russland wollen wir hier gar nicht erst reden.

Afghanistan und Irak beweisen: Mit Waffen ist kein Frieden zu schaffen, wenn die Bevölkerung nicht von sich aus einen Neustart will in Richtung Freiheit und Demokratie. In beiden Ländern gab und gibt es dafür keinen kulturgeschichtlichen Vorlauf.

So geht Frieden

Im Laufe meines Journalistenlebens habe ich Menschen getroffen, die in diesem Buch noch keine Erwähnung gefunden haben, weil sie nicht unmittelbar in die Chronologie der Ereignisse passen oder nicht direkt daran beteiligt waren. Dennoch ist es mir wichtig, von ihnen zu erzählen.

Hans-Jürgen Wischnewski

Ein großes Vorbild in der Politik war für mich Hans-Jürgen Wischnewski, Sozialdemokrat aus Köln, Staatsminister unter Helmut Schmidt und der Mastermind einer historischen Geiselbefreiung. Er hatte 1972 in Mogadischu, Somalias Hauptstadt, nach der Entführung der Lufthansa-Maschine „Landshut" auf dem dortigen Flughafen die Befreiung der als Geiseln genommenen Passagiere mit Hilfe der Bundespolizei-Truppe GSG 9 bewerkstelligt. Vier Mitglieder der Palästinensischen Befreiungsfront hatten das Flugzeug auf dem Weg von Palma de Mallorca nach Frankfurt entführt. Die Maschine landete schließlich in Mogadischu. Das Ziel der Entführer war, parallel zur damals andauernden Geiselnahme von Arbeitgeber-Präsident Hanns Martin Schleyer, elf Terroristen der Roten-Armee-Fraktion aus deutschen Gefängnissen freizupressen. Im Austausch wollten die Entführer die 82 Passagiere freilassen. Wischnewskis größte Herausforderung lag darin, den Staatschef Somalias davon zu überzeugen, dass die bundesdeutsche Spezialtruppe vor Ort tätig werden durfte. Wischnewski hatte sich bereits einen Namen als begnadeter Verhandler gemacht. Auch wenn er am Ende die

Ermordung Schleyers nicht verhindern konnte. Aus vielen Artikeln hatte ich gelernt, dass er sich umfassend informierte, bevor er sich mit jemanden an den Verhandlungstisch setzte. So sehe er sich, sagte er einmal, am ehesten in der Lage, aus der Sicht des anderen die Konfliktlage zu erfassen und besser auf dessen Ideen einzugehen.

Wischnewski war ein besonderer Kenner des Nahen und Mittleren Ostens, kannte dort Gott und die Welt, wie man so schön sagt, und erhielt wegen dieser exzellenten Kontakte in die Region von Willy Brandt, dem er als Entwicklungsminister gedient hatte, den Spitznamen „Ben Wisch".

Mit seiner Methode, sich in Sachverhalte einzuarbeiten und auch die sie vertretenden Personen bestmöglich zu verstehen, wurde er für mich zum Vorbild für die Interviewvorbereitung. Eine Person zu verstehen, einen Sachverhalt zu durchdringen, ist zweifellos eine Voraussetzung für solide Berichterstattung und Analyse. Daraus erst erwächst die Fähigkeit, Interviews zu führen, die dem Leser, Zuhörer oder Zuschauer neue Erkenntnisse vermitteln. Und diese neuen Erkenntnisse sollten dann optimalerweise die Urteilsfähigkeit des Nachrichtenkonsumenten verbessern. Abschreiben war immer schon eine schlechte Methode, das gilt in jüngster Zeit umso mehr, als der harte Konkurrenzkampf auf kleiner werdenden Märkten zur Eile zwingt. In schnelleren Drehzahlen im Wettbewerb mit sozialen Netzwerken werden im Sekundentakt neue Meldungen in die Welt gesetzt, deren Wahrheitsgehalt nicht immer hinreichend überprüft ist.

Will der Journalismus den Anspruch aufrechterhalten, die vierte Gewalt im demokratischen Staat zu sein, muss er sich weiterhin daran messen lassen, wie verlässlich die von ihm getroffenen Aussagen sind. Einmal verspielte

Glaubwürdigkeit ist nur schwer zurückzugewinnen. Das liest sich, als sei es eine Binsenweisheit, aber in heutiger Zeit muss man daran immer wieder erinnern. Wie schnell ist doch der Satz gerade im Fernsehen gesagt: „Das versendet sich." Aber dank Internet multiplizieren sich Nachrichtenschnipsel ohne Rücksicht auf ihren Wahrheitsgehalt.

Heidemarie Wieczorek-Zeul

Im Jahr 1995 wollten die Franzosen, die engsten Partner Deutschlands in der EU, trotz des Non-Proliferation Treaty, des Nichtweiterverbreitungs-Vertrages für Atomwaffen, ihre (wenigen) Atomwaffen testen. Im Mururoa-Atoll in der Südsee sollte das geschehen. Amnesty und andere waren entschieden dagegen. Aber Jacques Chirac blieb stur. So setzte sich also ein Schiff von Greenpeace in Bewegung, um zu versuchen, allein durch Präsenz die Franzosen an der Testreihe zu hindern. Europäische Politiker sprangen auf, unter ihnen die Entwicklungshilfeministerin Heidemarie Wieczorek-Zeul.

Ein eigentlich unmögliches Vorgehen: Entweder man ist in der Regierung oder auf Seiten der Protestler. Beides geht – zumindest über einen längeren Zeitraum – nicht. Aber die „rote Heidi", wie sie wegen ihrer Haarfarbe und ihrer Gesinnung genannt wurde, ließ sich davon nicht abbringen Sie fuhr hin und solidarisierte sich mit den Greenpeace-Demonstranten – sehr zum Verdruss ihres Hauses.

Beim damaligen Sonntagabend-Magazin des ZDF, „Bonn direkt", hatten wir die Idee, diesen Einsatz ein wenig satirisch auf die Schippe zu nehmen.

Zu diesem Zweck wurde auf dem kleinen See in der Bonner Rheinaue ein Boot gemietet, dahinein setzten wir eine junge Studentin mit roter Perücke, die von hinten gefilmt wurde; das Boot wurde hin und her bewegt, um zu zeigen, in welch gefährlicher Lage sich die Ministerin in der Südsee befand. Wir hatten zumindest das Schmunzeln der Menschen hervorgerufen.

Als ich ein paar Wochen später zu Heidemarie Wieczorek-Zeul kam und mit ihr sprach, war sie empört über dieses Stück Satire. Zumal mein erster Satz zur Begrüßung war: „Sie sehen aber gut aus, haben ja richtig Farbe bekommen in der Südsee." Ihre Antwort: „Wenn Sie das so sehen, Herr Prömpers, dann können Sie gleich wieder gehen. So lass ich nicht mit mir reden, und was da im Programm gelaufen ist, glauben Sie ja nicht, ich hätte das nicht mitbekommen. Ich fand das eine Unverschämtheit. Ich befand mich in Lebensgefahr, und Sie ziehen im Fernsehen so abfällig über mich her."

Ich fragte, ob sie das mit der Lebensgefahr nicht doch etwas übertrieben sehe. „Nein, natürlich nicht!" Mit Mühe gelang es mir, die Dame zu beruhigen. Dann erst konnte man wirklich über den Sinn dieser Aktion sprechen. Wie sagt mancher Kabarettist: Nichts ist so schön wie das wahre Leben, die Satire kann es so gar nicht besser erfinden.

Immerhin muss man zugeben, dass Heidemarie Wieczorek-Zeul immer ihren Kurs gehalten hat. Sie hat weder Widerstände innerhalb noch außerhalb der Partei gescheut.

Als Bundesministerin für Entwicklungspolitik gestaltete sie in den Jahren ab 1998 eine Politik gegenüber den Dritte-Welt-Ländern, die die Nöte, Sorgen und Bedürfnisse der Partner im Rahmen der Haushaltsmöglichkeiten ernst nahm. Allerdings gelang es auch ihr nicht, das Ziel 0,7 % für Entwicklungshilfe zu erreichen.

Willy Brandt

Wenige Tage nach Öffnung der Mauer in Berlin und der gesamten innerdeutschen Grenze hatte ich ein Interview mit Willy Brandt vorzubereiten. Mir war es in diesen turbulenten Tagen gelungen, einen Termin in seinem Büro im Erich-Ollenhauer-Haus zu bekommen. Wir kamen sehr schnell zur Frage, was sich nun alles verändern und in welchen Abläufen passieren werde. Glasklar hatte Brandt noch nicht den schnellen Prozess der Vereinigung vor Augen, aber ihm war klar, es gab kein Zurück mehr auf dem Weg zur deutschen Einheit. Natürlich müsse man zum Beispiel den Polen noch einmal ausdrücklich versichern, dass es nach der Vereinigung von Ost- und Westdeutschland keine weiteren Gebietsansprüche Deutschlands geben werde. Und das müsse völkerrechtlich abgesichert zum Ausdruck gebracht werden.

Bei dieser Begegnung fragte ich ihn, ob die gesamte Entwicklung nicht auch Konsequenzen für die Sozialdemokraten haben werde, der Niedergang des Kommunismus, das veränderte Umfeld. Er sah klar voraus, dass die Positionierung der Sozialdemokraten in Zukunft nicht einfacher werde. In Zeiten des Kalten Krieges sei es für die damals 100-jährige Partei einfach gewesen, sich als die demokratische und soziale Alternative zu allen Spielarten des Kommunismus darzustellen. Brandt sah für seine Partei eine Reorientierungsphase voraus, in der sie ihr Programm neu werde zuspitzen müssen. Aber er war ebenso überzeugt, dass die konservativen Kräfte über kurz oder lang auf ähnliche Weise ihren Platz im Parteienspektrum neu würden definieren müssen. Zu jener Zeit erwartete man noch, dass die Sozialdemokraten im Osten, damals noch SDP, an die alten Erfolge der SPD aus den 30er-Jahren würden anknüpfen können. In

Sachsen, in Thüringen und in einigen Teilen des Ostens war sie vor den Zeiten des Nationalsozialismus traditionell stark gewesen. Willy Brandt warnte vor kurzschlüssigen Urteilen: Er habe nun ja mehrfach mit der Gründergeneration der SDP in Berlin und andernorts zusammengesessen. Im Osten habe sich eine sozialdemokratische Partei aus Pfarrern und Oppositionellen gebildet, schwach und ohne breite Mitgliederbasis. Damit sei aus dem Stand nicht so ohne Weiteres ein sehr gutes Wahlergebnis zu erzielen.

Überzeugt war Brandt aber davon, dass die Situation insgesamt neue Möglichkeiten für eine gesicherte friedliche Zukunft in Europa über das bisherige Gebiet der Europäischen Gemeinschaft, wie sie damals noch hieß, hinaus eröffnen werde. Die meisten der einst im Warschauer Pakt zwangsverankerten Länder würden in ihrer neuen Unabhängigkeit den Anschluss an den Westen suchen. Die neuen Eliten, die sich abzeichneten, egal ob in Polen oder in der Tschechoslowakei, in Litauen oder in Rumänien, würden wohl eher Mitglied im wirtschaftlich erfolgreichen Europa des Westens werden wollen. Dass auch das gewisse Risiken für die Volkswirtschaft bergen könnte, war ihm klar. Aber man werde den Menschen das auf keinen Fall verwehren können, denn so ureuropäische Länder und Städte wie Polen, die Tschechoslowakei, Ungarn mit Warschau, Prag, Budapest gehörten klar zum Europa von morgen.

Willy Brandt war voll Optimismus, dass das Ende der Grenze durch Europa den Menschen hüben wie drüben eine neue, friedliche Zukunft ermöglichen werde.

Ihm war klar: Es werde nicht ohne Anstrengungen gehen. Da würden auch Verletzungen zurückbleiben, besonders bei jenen, die sich jetzt als Systemverlierer ansehen müssten.

Brandt wird aus jener Zeit des Umbruchs immer gerne

zitiert mit dem Satz: „Es wächst zusammen, was zusammengehört." Der Satz war sehr treffend, ist aber so zusammenhängend knapp zunächst nicht gefallen. Letztlich beschrieb er auch mehr eine Wunschvorstellung denn die Realität mit Arbeitsplatzabbau, Wanderungsbewegung von Ost nach West und beim Aufbau der neuen staatlichen Strukturen einer kleinen Wanderungsbewegung von West nach Ost.

Allerdings, und auch das soll nicht verschwiegen werden, der Einheitsparteistaat DDR bekam im neuen Deutschland alsbald die komplette Struktur des Westens übergestülpt.

In thüringischen Treffurt, dem Geburtsort Egon Bahrs, hatte ich dann das Vergnügen, eine der sozialdemokratischen Wahlkampfveranstaltungen in der DDR mitzuerleben. Ein berstend voller Saal. Ein zwar glücklicher, aber doch wie immer realistischer Egon Bahr, der den neuen Mitgliedern viel Arbeit voraussagte, wenn sie im Wahlkampf wirklich erfolgreich sein wollten. Trotz aller Anstrengungen, die Sozialdemokraten landeten abgeschlagen auf hinteren Plätzen, zumindest im Süden des neuen Ostdeutschland.

Am Rande unseres Gespräches gestattete sich Brandt gerne etwas, das er aufgrund seines Gesundheitszustandes zu Hause bei seiner Ehefrau Brigitte Seebacher-Brandt nicht mehr durfte: Er schnorrte schon mal eine Zigarette und rauchte mit mir gemeinsam eine – unter dem Siegel der strengsten Verschwiegenheit, wie er betonte.

Pater Georg Sporschill SJ

Es war der Philharmonikerball 2012. Wie man den Zugereisten erklärte, der schönste Ball der an Bällen nicht armen Wiener Ballsaison. Keine Frage: der Ort der legendäre Musikverein in Wien, die Musik im Hauptsaal, die Wiener Philharmoniker, den Walzer getanzt zur Strauß-Melodie, ein ganz besonderes Erlebnis. Auf allen Etagen des Musikvereins bis in den Keller Ballgäste. Als wir zu vorgerückter Stunde in die Kellerbar gingen, trafen wir auf Pater Georg Sporschill, Jesuit, Psychologe, Sozialarbeiter und Menschenfischer. An der Seite von Österreichs damals wichtigstem Bankchef Christian Konrad und dessen Frau bewegte sich der Pater durch den Ball, als habe er nie etwas anderes getan. Er grüßte hierhin und dahin, schien unglaublich viele Leute zu kennen.

Zuletzt hatte ich ihn in Bukarest getroffen, der Hauptstadt Rumäniens. Wir standen damals am Nordbahnhof, und er erklärte mir, wo er Kinder und Jugendliche aufsucht: in den Kanalschächten rund um den Bahnhof und im Bahnhof selbst. Er sucht elternlose Kinder, denen er eine neue Chance gibt in dem von ihm gegründeten Sozialwerk Concordia. Auch am Bukarester Bahnhof bewegte er sich, als sei er hier zu Hause. Viele grüßten ihn, umarmten ihn, freuten sich, ihn hier zu sehen.

1946 in Feldkirch, Vorarlberg geboren, hat Georg Sporschill eine ganz außergewöhnliche Karriere gemacht. Nach dem Besuch des humanistischen Gymnasiums studierte er Theologie, Pädagogik und Psychologie in Innsbruck und Paris. Er begann seine Karriere als Wissenschaftler in Innsbruck, aber bald zog es ihn in andere Bereiche: Ein Jugendfreund, damals noch katholischer Priester, gab ihm den Anstoß dazu, dass er 1976 in den Jesuitenorden eintrat; nach zwei Jahren wurde er zum Priester geweiht. Und nun begann er seine erste Tätigkeit als Kaplan an einer der Wiener Nobelpfarren in Wien-Lainz. Ab 1980 startete sein ganz anders Engagement: Er kümmerte sich nun um Jugendliche, die aus dem Knast herausgekommen waren und ohne ein Zuhause dastanden, um Drogenabhängige und um obdachlose Jugendliche. Er gründete ein Wohnheim für sie und wohnte mit ihnen unter einem Dach. Es folgte mitten in Wiens 1. Bezirk die Eröffnung des Lokals „Inigo", benannt nach dem Wahlspruch aus seiner Vorarlberger Heimat, wo das „hineingehen" bedeutet. Das Lokal gab Langzeitarbeitslosen eine neue Chance und eine Ausbildung, um ihr Leben wieder selbst in die Hand zu nehmen. Pater Georg eröffnete im Wien der 80er-Jahre fahrbare Suppenküchen für Arme. Vielen Jugendlichen ebnete er so ganz allmählich wieder die Möglichkeit zu einem geraden Weg. Acht solcher Zentren für Obdachlose hat Sporschill schließlich aufgebaut, die die Caritas von ihm übernahm.

1989: Der Eiserne Vorhang fiel, die Diktatoren Osteuropas wurden aus ihren Ämtern gewählt oder auch verjagt, in Rumänien sogar aus dem Amt heraus verhaftet und erschossen, wie Nicolae Ceaușescu und seine Frau. Verwundert rieb sich der Westen die Augen, immer neue Reportagen berichteten vom Elend der Straßenkinder in Rumänien, elternlos, verlassen, hausten sie zum Teil in der Kanalisation der Hauptstadt und wussten an jedem neuen Tag nicht, wie sie sich ernähren und durchbringen sollten. So schickte der Jesuitenorden Pater Georg für sechs Monate nach Bukarest, um vor Ort zu helfen und zumindest Hilfsstrukturen aufzubauen. „Sechs Monate, wie wenig Zeit ist das, um Kindern eine neue Chance zu geben", erzählt Sporschill mir Jahre später. Er sieht die Not und beginnt die Ärmel aufzukrempeln. Aus der Sicht des Jahres 2015 tut er genau das, was Papst Franziskus, ebenfalls Jesuit, der Kirche und ihren Mitgliedern predigt. „Der Papst spricht mir aus der Seele", sagt Sporschill, wenn er sieht, wie Papst Franziskus die Einfachheit fordert, das Engagement auf

Seiten der Ärmsten und für die Ärmsten. Sporschill stellte sich radikal auf die Seite der Kinder, die im Elend lebten, und baute für sie das erste in Haus in Bukarest. Da immer mehr kamen, musste er bald erweitern. Er bekam eine ausrangierte Schule in einem Vorort. Hier ließ sich ein Internatsbetrieb in größerem Stil aufbauen, der auch zu Schulabschlüssen führte. Aber es ging eben nicht nur um Schule, sondern auch um einen Lebensraum mit spiritueller Hilfe für jene Kinder, die zu ihm kamen und sich helfen lassen wollten. Das klappte nicht bei allen Kindern. Drogenabhängige junge Menschen kamen und gingen teils wieder.

Immer wieder musste er mit Misserfolgen leben, weil sich Jugendliche doch wieder auf die Straße ziehen ließen von ihren Kameraden, von vermeintlichen Freunden. Aber über die Jahre, von 1990 an beginnend, wurden es immer mehr, die ihre „Karriere" auf den Straßen Bukarests gegen einen Platz in einem der Heime der Hilfsorganisation Concordia eintauschten und blieben. Damit die Kinder nach der Schule nicht wieder auf der Straße landeten, baute er außerhalb der Stadt ein Dorf, in dem Jugendliche auch Berufe erlernen können, vom Bäcker bis zum Schlosser.

Der „Unternehmer im Namen Gottes", wie er sich selbst gerne bezeichnet, hat immer wieder neue Ideen und sieht immer wieder neue Not. Sporschill hat ein Gespür dafür, Geld für seine Projekte zu sammeln in seiner österreichischen Heimat, aber auch in Deutschland und der Schweiz, überall, wo er Menschen kennt, für seine Schützlinge um Spenden zu werben. Bis hinauf in die vermögendsten Kreise. Insofern also kein Wunder, ihn auf dem Philharmonikerball in Wien getroffen zu haben. Dorthin zieht es ihn als Spendensammler, und er weiß immer ein paar Menschen durch seine sozialen Taten so für sich einzunehmen, dass sie am Ende freudig mit ihm zusammenarbeiten und Kontakte knüpfen, die zu mehr Einnahmen für seine Not leidenden Schützlinge führen – wie der damalige Generaldirektor der Raiffeisen Österreich, Christian Konrad, und dessen Frau, die ihn zum Ball mitgenommen hatten.

Der Besuch in Bukarest und in seinem Kinderdorf Polesti zeigte mir, was eine Einzelinitiative möglich machen kann. Mittlerweile ist Rumänien nicht der einzige Erfolgsausweis von Pater Georg. Sein Werk weitete sich im Laufe der Jahre aus auf Moldawien und Bulgarien. Zeichen der Hoffnung für einige Tausend, betreut er dort Alte wie Junge und bringt ein Stück Frieden in diese Gesellschaften, die auch 25 Jahre nach der großen Wende immer noch unter den Folgen des abrupten Wechsels zu leiden haben.

Samantha Power

Samantha Power wurde an ihrer Wiege in Irlands Hauptstadt Dublin nicht gesungen, dass sie einmal als Botschafterin die USA im Sicherheitsrat der Vereinten Nationen vertreten würde. Wie so oft im Leben, spielten Zufälle dabei eine große Rolle: Nach seiner Wiederwahl im November 2012 musste US-Präsident Barack Obama einen Nachfolger für Hillary Clinton als Außenministerin auswählen. Clinton hatte bereits damals mit Blick auf ihre eigenen Präsidentinnenschaft Ambitionen erklärt, ab dem Ende der Legislaturperiode nicht mehr zur Verfügung zu stehen. Obama wollte zunächst seine UN-Botschafterin Susan Rice mit dieser Aufgabe betrauen, ein Signal an die USA und die Welt: eine afroamerikanische Frau als kompetente Ratgeberin und Repräsentantin der amerikanischen Außenpolitik.

Aber der Plan scheiterte am Kongress, der signalisierte, er werde Rice bei der Anhörung nicht das Vertrauen aussprechen. Ihr wurde wie auch Hillary Clinton vorgeworfen, 2011 nach der Ermordung dreier US-Amerikaner in der libyschen Botschaft durch Islamisten in der Öffentlichkeit nicht die Wahrheit gesagt zu haben. Ihre Nominierung im Senat drohte an der fehlenden Zweidrittelmehrheit zu scheitern. Als sich Sicherheitsberater Tom Donillon zurückzog, konnte Obama Susan Rice dessen Aufgaben anvertrauen; dafür brauchte er keine Zustimmung vom Senat.

Dann entschied sich der Präsident, Samantha Power, bis dahin im Nationalen Sicherheitsrat für Multilaterales und Menschenrechte zuständig, als Ersatz nach New York zu entsenden. Da die US-UN-Botschafter in der Regel auch Mitglied des Kabinetts sind, musste Samantha Power dies als einen doppelten Aufstieg empfinden. Im Alter von 42 Jahren ins Amt gekommen, war sie die jüngste UN-Botschafterin, die es je gab.

Ein Blick zurück, wie sie ins Team von Barack Obama kam: Bereits während des Wahlkampfes 2008 hatte die Journalistin und Menschenrechtsaktivistin Samantha Power das Interesse von Barack Obama geweckt. Ihr 2002 veröffentlichtes Buch „A Problem from Hell" gewann 2003 den Pulitzer-Preis in der Kategorie Sachbuch. Darin beschreibt sie ausführlich und mit vielen Beispielen untermauert – Armenien, der Holocaust, die Verbrechen der Roten Khmer in Kambodscha, der Bosnien-Krieg und der Kosovo-Krieg bis hin zu Ruanda –, wie schwer der Weg war, den Genozid, also Völkermord, im internationalen Strafrecht zu verankern. (Übrigens, von diesem Buch gibt es bis heute keine deutsche Übersetzung.) Barack Obama, der Strafrechtsprofessor, hatte dies Buch wohl gelesen, war dadurch auf Power aufmerksam geworden und holte sie 2008 in sein Wahlkampfteam. Ihre Themen waren Außenpolitik und Menschenrechte. Sie zog mit ihm ins Weiße Haus und arbeitete dort mit einem Engagement für die Menschenrechte, das ihr viel Zustimmung unter den Nichtregierungsorganisationen einbrachte.

Die rothaarige Samantha Power im Kreise ihrer Sicherheitsratskollegen ist eine Ausnahmeentscheidung. Sie spricht häufig genug im Sicherheitsrat Klartext im Unterschied zu den diplomatischen Kolleginnen und Kollegen. Immer wieder geißelt sie Aktionen und Unterlassungen anderer. Das gilt für Hearings, die sie im Rahmen der Vereinten Nationen mitveranstaltet, um an das Schicksal von Menschen zu erinnern, wie beispielsweise an das der Menschen in Nordkorea, die seit Jahrzehnten unter einem diktatorischen Regime leiden. Das gilt aber auch für ihre Reaktionen auf Resolutionen, die im Sicherheitsrat scheitern. Jüngstes Beispiel: die Resolution zum 20. Jahrestag des Völkermords im bosnischen Srebrenica. Großbritannien hatte diese Resolution vorgeschlagen, die an das unfassbare Grauen vom 11. bis 15. Juli 1995 in Srebrenica erinnern sollte. Vor allem aber sollte in diesem Papier der „Völkermord" an den 8000 bosnisch-muslimischen Männern verurteilt werden. Gerichte wie das Internationale Tribunal für die Verfolgung von Straftaten im früheren Jugoslawien und der Internationale Strafgerichtshof haben dies in Urteilen schon länger als Genozid, also Völkermord, gebrandmarkt. Russland verhinderte mit seinem Veto die Verurteilung im Sicherheitsrat – in Solidarität mit den Serben in der Republik Serbien. Die wollen nach wie vor nicht anerkennen, dass die Gräueltaten planvoll von serbischen Paramilitärs und Streitkräften verübt wurden, auch wenn die Befehlshaber des Völkermordes, Radovan Karadžić und Ratko Mladić, in Den Haag vor Gericht stehen.

Samantha Power, die 1995 freie Journalistin für verschiedene US-Zeitschriften in Sarajevo war, verurteilte mit bewegenden Worten dieses russische Verhalten, das an die Zeiten des Kalten Krieges und der Blockkonfrontation denken lässt. In ihrer Rede forderte sie Russland dazu auf, die wirkliche Aufgabe der Vereinten Nationen zu verfolgen, nämlich für die Menschenrechte einzutreten. „Wie kann man die Augen vor der Realität verschließen", so klagte sie im Sicherheitsrat. Und sie erinnerte dabei auch an das Versagen der Vereinten Nationen, die Srebrenica, ihre Schutzzone der bosnischen Muslime, den bosnischen Serben kampflos überlassen hatten, da weder die Vereinten Nationen weder Verstärkung schicken wollten noch die NATO mit gezielten Luftangriffen die Serben stoppen wollte. Diesem Versagen der Vereinten Nationen von 1995 füge das Veto der Russen von 2015 ein weiteres Versagen hinzu, nämlich die Weigerung, die Wahrheit über die grauenvollen Ereignisse jener Tage im Juli 1995 auszusprechen.

Dennoch bemühen sich die Vereinten Nationen mit höchst unterschiedlichem Erfolg, in 16 Friedensmissionen Frieden zu schaffen oder zu erhalten. 126 247 Menschen aus aller Welt arbeiten in Uniform und in Zivil daran, hier und da die Welt ein kleines Stück friedlicher zu machen, wenn zuvor der Weltsicherheitsrat den Einsatz genehmigt hat. Trotz vieler Fehlschläge weltweit – sei es in Syrien, im Irak, im Jemen oder in der Ukraine: Die Mitglieder des Sicherheitsrates, die fünf permanenten und die zehn wechselnden, versuchen immer wieder aufs Neue, Frieden zu stiften.

Keine Frage, jeder, vor allem die fünf dauerhaften Mitglieder China, Frankreich, Großbritannien, Russland und die USA, verfolgt sehr eigene Interessen, die beispielsweise bis heute nicht erlauben, dass die Ukraine und die Krim wirklich zum Gegenstand der Verhandlungen im Sicherheitsrat werden. Wieder liegt es an den Russen.

Bei aller Kritik: Es gibt bisher weltweit eben keine Alternative zum Weltsicherheitsrat und zu seinen Möglichkeiten, auch wenn der sie bei Weitem nicht ausschöpft. Daran konnte auch Samantha Power nichts ändern.

Pater Walter Happel SJ

Der Entschluss, Jesuit zu werden, reifte in Walter Happel schon früh. In Worms aufgewachsen, engagierte er sich bei den katholischen Pfadfindern, er las als Schüler viel, auch über Ignatius von Loyola, und so entschied er sich, der neun Tage nach Ende des Zweiten Weltkrieges geboren wurde, nach dem Abitur in den Orden einzutreten. Er studierte zusätzlich zu Theologie und Philosophie auch Psychologie, praktizierte eine Zeit lang als Psychologe in Chicago. Dann schickte ihn der Orden als Leiter der katholischen Hochschulgemeinde nach München, bevor er 1986 Chef des St.-Blasien-Kollegs wurde, des berühmten Gymnasiums der Jesuiten im Schwarzwald. Als er 58 wurde, zog er sich aus dieser Schule zurück. Kurz überlegte er, ob er eine ähnliche katholische Schule in China eröffnen solle, Chinesisch hatte er als Fremdsprache in St. Blasien Mitte der 90er-Jahre eingeführt und selbst begonnen, es zu lernen. Und er hatte einen lebhaften Schüleraustausch mit China begonnen. Doch nach ersten Überlegungen verwarf er den Plan. Sein Orden fragte ihn, ob er eine Machbarkeitsstudie für ein katholisches Gymnasium im kosovarischen Prizren machen wolle, dort gab es Interesse, aber kein Geld zum Bau. Er sagte Ja, zog im Herbst 2003 dorthin. Obwohl er damit Augenzeuge der landesweiten Vertreibung der restlichen Serben durch die Kosovo-Albaner vom März

2004 war – aus der Altstadt von Prizren wurden die letzten 50 Serben vertrieben –, ließ er sich nicht irritieren. Er sah für sich eine neue Aufgabe: den Menschen im Kosovo auf dem Weg zu einem friedlichen Zusammenleben zu helfen. Er war überzeugt, die Schule sei machbar, und er überzeugte auch Geldgeber in Deutschland, bei der Anschubfinanzierung zu helfen. In der südkosovarischen Stadt baute er eine multiethnische Schule auf. Ihr Name: Ignatius von Loyola, wie der Ordensgründer der Jesuiten. Darin sollten sich sowohl Kosovo-Albaner als auch Türken, Goraner, Roma, Mazedonier u. v. a. m. gemeinsam auf das Leben vorbereiten. Zusätzliche Schwierigkeit: Diese Schule sollte auch ein deutsches Abitur ermöglichen.

Die Schule sollte ein Ort werden für ein friedliches Zusammenleben der Menschen nach so vielen Jahren des Hasses, der Gewalt, der Vertreibung und der Unterdrückung. Wundersamerweise konnte die Schule im Jahr 2015 tatsächlich ihr zehnjähriges Bestehen feiern, und Walter Happel übergab die Schule einem Nachfolger, wieder aus dem Orden. Er hat dort etwas geschaffen, was unmöglich zu sein schien im Kosovo des Jahres 2005: Seine Schule wurde zur Eliteschule des kleinen Landes. Aus allen Ecken des Kosovo bringen die Eltern ihre Kinder gerne zu dieser Schule, weil sie wissen: Dort das Abitur abzulegen, ist der beste Grundstock an Bildung und Ausbildung, der sich denken lässt. In der mehrheitlich muslimischen Umgebung floriert diese deutsche Schule nicht zuletzt deswegen, weil sie den Kindern ein für den Balkan ungewöhnlich hohes Ausbildungsniveau garantiert, neben Deutsch und Latein als Fremdsprachen gibt es ein umfassendes Angebot an Naturwissenschaften.

Auf Religionsunterricht wird in der überwiegend muslimischen Umgebung bewusst verzichtet. Pater Happel will nicht, dass die Schule wirkt wie eine Missionsstation, die möglichst viele Katholiken rekrutieren will. „Wir verfolgen durchaus eine christliche Pädagogik und verstecken das auch nicht. Aber zuallererst sollen die jungen Leute lernen, Fragen zu stellen und Denken zu lernen", so Happel. Im kosovarischen Zentralabitur belegt die Schule mit ihren Abiturientenjahrgängen immer einen der ersten Plätze. Die landesweit attraktive Schule verfügt über ein Internat, getrennt für Jungen und Mädchen. 3000 Euro kosten Schulgeld und Internat pro Jahr, für das Kosovo eine sehr hohe Summe, wenn man den Durchschnittslohn von ca. 350 Euro pro Monat ansieht und davon ausgeht, dass die Arbeitslosigkeit im Kosovo bei 45 % liegt, bei Jugendlichen spricht man sogar von 70 %. Also besteht die Möglichkeit, begabten Kindern Stipendien zu geben. Möglich machen das viele Spender aus Deutschland. Ein von Happel initiierter Förderverein hilft kräftig dabei, dass die Schule ein Leuchtturm bleibt, ebenso wie das bischöfliche Hilfswerk Renovabis für Osteuropa. Daneben unterhält Pater Walter Happel ein dichtes Netzwerk an Kontakten zu deutschen Förderern und Unternehmern, die ebenfalls die Schule unterstützen. Aufgrund der guten Ausbildung hat Happel etwas Außergewöhnliches erreicht. Er hat deutsche Firmen überredet, Patenschaften zu übernehmen, und er hat es geschafft, dass deutsche Firmen Abiturienten vom Ignatius-von-Loyola-Gymnasium in Prizren in Deutschland Lehrstellen anbieten, die mit eigenen Leuten nicht zu füllen sind.

So kommt es in etlichen Fällen zu einer völlig legalen Ausbildung in Arztpraxen, bei Optikern, Industrieanlagenbauern, Sparkassen. Junge Menschen gehen nach Deutschland, die ihren Eltern nicht auf der Tasche liegen, die eine hervorragende Ausbildung bekommen, ohne dass sie, wie im Kosovo üblich, entweder hohes Schulgeld oder auch noch Bestechungsgelder zahlen müssen, um einen Platz zu erhalten. Und in absehbarer Zukunft können diese jungen Kosovaren sogar von dem erarbeiteten Geld etwas nach Hause schicken.

Die stille Hoffnung bleibt, dass einige zurückkehren, um im Kosovo ein eigenes Unternehmen zu starten. Angesichts der trostlosen wirtschaftlichen Lage im Lande ist das eine ganze Menge. Einst war das Kosovo die Kornkammer Jugoslawiens, doch bis heute ist das Land nicht in der Lage, sich landwirtschaftlich selbst zu versorgen. Und das liegt nicht nur an den Minen, die im Krieg gelegt worden sind. Zwar sind sie zu einem nicht geringen Maße geräumt, aber komplett eben noch nicht. Erschwerend kommt für die 1,8 Millionen Menschen hinzu, dass die Lebensmittelimporte aus dem Ausland im Laden billiger angeboten werden als die Produkte aus dem eigenen Land. Nach wie vor kämpft das Land mit der grassierenden Korruption, die auch vor der Politik nicht haltmacht. Clanstrukturen stemmen sich gegen eine demokratische Regierungsform, wie sie UNMIK und NATO im Kosovo etablieren wollten. Auf dem Papier existiert nun eine Demokratie, aber die Machtverteilung wird doch nicht unerheblich durch Familienstrukturen des Landes entschieden. Der Kosovo ist heute einer der Hauptumschlagsplätze für Drogen auf ihrem Weg von Afghanistan nach Europa und für Menschenhandel, auch auf dem Weg nach Europa.

Das alles hat Walter Happel nicht angefochten. Mit dem Erfolg seiner Schule waren ihm Anerkennung von fast allen Seiten und sogar Dankbarkeit sicher. Große Unterstützung erhielt und erhält die Schule in Prizren von der Bundeswehr, die seit Ende des Krieges in der Stadt ihr Hauptquartier aufgeschlagen hat. Unter den Soldaten wurde und wird immer wieder für den guten Zweck gesammelt, und manche Dienstleistung wurde eingefädelt, die den Auf- und Ausbau der Schule einfacher machte. So trägt Pater Walter Happel zweifellos ein kleines Stück zum Frieden bei.

Karl Lamers

Die Europäische Union ist seit Beginn ein Friedensprojekt. Allerdings auch immer wieder ein Projekt, das sich langsam und mühsam fortbewegt. Karl Lamers, Jahrgang 1935, verlor im Zweiten Weltkrieg seinen Vater. Nach seinem Abitur und während seines Jura-Studiums schloss sich der Katholik der CDU an. Aus eigener leidvoller Erfahrung war er erfüllt von dem Gedanken: „Nie wieder Krieg" – wie so viele seiner Generation. Für den Frankophilen bedeutete das vor allem ein neues Verhältnis zu Frankreich und im Grunde zu allen europäischen Nachbarn. So war er schon ziemlich früh außenpolitisch orientiert und befasste sich seit seinem Einzug in den Deutschen Bundestag 1980 mit außenpolitischen Fragen, zunächst als abrüstungspolitischer Sprecher, dann als außenpolitischer Sprecher seiner Fraktion. Er pflegte ein sehr differenziertes Weltbild, versuchte immer wieder, sich in die Position des Gegenübers hineinzudenken, um dann besser argumentieren zu können. Er wuchs auf mit den Bemühungen von Robert Schuman und Konrad Adenauer, Jean Monnet und Charles de Gaulle, die in der Geschichte immer wieder auftretenden Kriege zwischen Deutschland und Frankreich endgültig unmöglich zu machen. Es begann mit der wirtschaftlichen Verzahnung. Lamers reüssierte aufgrund seiner profunden Kenntnisse der Außenpolitik zum Quasi-Außenminister Helmut Kohls, zu dem er ein besonderes Verhältnis pflegte. Unter anderem auch deshalb, weil er lange Jahre Vorsitzender des mitgliederstarken CDU-Bezirks Mittelrhein war. Dieser immer schon stark von den Sozialausschüssen beeinflusste Verband war an Erneuerung orientiert. Nicht nur innen-, sondern auch außenpolitisch.

Lamers forderte früh eine differenziertere Behandlung der Osteuropäer, bereits zu Zeiten des Kalten Krieges. Es reiche nicht, immer nur über Abrüstung mit den Staaten jenseits des Eisernen Vorhangs zu verhandeln, man müsse auch versuchen, neue Wege zu gehen. Seine große Zeit kam nach der Wiedervereinigung und im Zusammenhang mit der Einführung der Europäischen Währungsunion. Er trat ein für eine baldige Mitgliedschaft der Osteuropäer nicht nur in der NATO, sondern auch in der EU. Mit großer Klarheit sah er bei der Erweiterung den Zielkonflikt zwischen eigentlich notwendiger Vertiefung der Europäischen Union und der gleichfalls notwendigen Erweiterung um jene, die in die EU wollten. Die so schnell größer werdende Union gefährde möglicherweise den seiner Meinung nach notwendigen weiteren Weg zu mehr Integration in Wirtschafts- und Währungsfragen, in Fragen der Außen- und Sicherheitspolitik, in Fragen der Sozialpolitik und des Innen- und Rechtswesens. Angesichts all der Schwierigkeiten schrieb er im Jahr 1994 gemeinsam mit Wolfgang Schäuble, dem damaligen Fraktionsvorsitzenden, ein Papier mit dem bescheiden klingenden Titel „Überlegungen zur europäischen Politik".

Da viele Nachbarn das wiedervereinte Deutschland in seiner Größe wieder als bedrohlich empfanden, war vielen auch unklar, welchen Weg Deutschland nach seiner Vereinigung einschlagen werde. So wurde die gemeinsame Währung ein Angebot an die europäischen Nachbarn, sich bewusst stärker einbinden zu lassen. Manch Politiker klagte damals, wie Giscard d'Estaing es getan hatte: „Das geht nicht, Herr Lamers, dass Deutschland immer entscheidet und wir müssen folgen." Frankreichs Präsident Mitterrand vertrat die Idee der Währungsunion mit Vehemenz.

Und sie fiel in Deutschland durchaus auf fruchtbaren Boden. 1988 präsentierten Beamte des Außen- und des Finanzministeriums, des Kanzleramtes und der Bundesbank dem damaligen Außenminister Hans-Dietrich Genscher intern eine Idee. Er hatte um Anregungen für die Fortentwicklung des Europa-Gedankens gebeten. Informell hatten die Experten schon lange Zeit aus eigener Initiative daran gearbeitet. Sie waren davon überzeugt, dass das europäischen Währungssystem oder – wie es auch genannt wurde: die europäische Währungsschlange (EMS) – mit den Bandbreiten der Wechselkurse zwischen den beteiligten Mitgliedsländern fortentwickelt werden müsse. Zum Zeitpunkt der Präsentation dachte noch niemand an den Fall der Mauer. Genscher machte sich den Vorschlag zu eigen, den ihm aus seinem Hause Wilhelm Schönfelder präsentiert hatte. Der Kernsatz, mit dem alles anfing, hieß schlicht: „Die Diskussion um die institutionelle Weiterentwicklung des EWS (Europäische Währungsschlange) muss endlich enttabuisiert werden." Das hörte sich unspannend an, für die Fachleute hieß das aber im Klartext: „Wir müssen jetzt mal anfangen, über die Einführung einer europäischen Währung zu sprechen", so erinnert sich Schönfelder heute an seine ersten Erfolge als junger Diplomat.

Schon war der schönste Krach in der Bonner Koalition geboren – das FDP-geführte Außenministerium gegen das CDU-geführte Finanzministerium, zu der Zeit noch unter Gerhard Stoltenberg. Da man so früh begonnen hatte, über einen solchen Prozess hin zu einer gemeinsamen Währung nachzudenken, hatten bereits viele versucht, zu präzisieren, welche Bedingungen man aufstellen müsse, damit eine gemeinsame Währung zwischen verschiedenen Volkswirtschaften auch funktionieren könne. Nach Grenzöffnungen und Wirtschaftsunion schien das ein Schritt zu sein, der auch einen gewissen Werbewert für die betroffenen Menschen in den Ländern Europas haben würde, die teilnehmen könnten. Klar war eigentlich, dass nicht alle von Beginn an Mitglied werden könnten, zu unterschiedlich waren die wirtschaftlichen Bedingungen in den einzelnen Mitgliedsländern der Europäischen Union. Schäuble und Lamers plädierten in ihrem Papier 1994 für die Idee eines Kerneuropas, in dem die Ursprungsländer Deutschland, Frankreich, Belgien, Luxemburg und die Niederlande von Beginn an in Sachen Währungsunion zusammenarbeiten sollten. Klar war, das Projekt sollte offen sein für alle Mitglieder. Bedingungen sollten definieren, wer mitmachen und wer zunächst draußen bleiben sollte. So entstand der Stabilitäts- und Wachstumspakt – und der Fiskalpakt. So entstanden die Grenze von 3 % Neuverschuldung als Obergrenze und die Grenze der Gesamtverschuldung in Höhe von 60 % des Bruttosozialprodukts. Ein Problem dieses weiteren Schrittes zur Verzahnung Europas war die Frage: Ist dies eigentlich ein Schlussstein des Weges zur politischen Union, die Krönung, oder ein Grundstein?

Die Erfahrungen der jüngsten Zeit scheinen darauf hinzudeuten, dass durch die unvollkommene Währungsunion die politische Union der mittlerweile 28 Mitglieder gefährdet wird. Die Währungsunion mit all ihren Schwierigkeiten war sicher nicht der Grundstein für mehr politische Union. Lamers wie Schönfelder sind heute bei allen Schwierigkeiten dennoch überzeugt, die Union werde sich weiterentwickeln hin zu mehr Gemeinsamkeit. Schönfelder, der seine Karriere im Auswärtigen Amt fast ausschließlich im Zusammenhang mit Europa gemacht hat und am Ende seiner Dienstzeit der Deutsche Botschafter bei der Europäischen Union war, führt als Kronzeugen für seinen Optimismus sogar das Bundesverfassungsgericht an. In seinem Urteil zum Maastricht-Vertrag erklärte das Gericht „Die EU ist längst über den Status eines bloßen Staatenbundes hinaus, ist auf dem Weg zu einem Bundesstaat." Das heißt nicht, dass es in 30 Jahren die Vereinigten Staaten von Europa nach dem Vorbild der USA geben wird, aber der Prozess des Zusammenwachsens geht weiter, voller Mühen und Rückschläge. Karl Lamers ist als Pro-Europäer trotz Griechenlandkrise und Flüchtlingschaos nach wie vor überzeugt: „Ja, das ist realistisch, der Ausbau der Währungsunion zu einer politischen Union, das ist der Weg, den wir weitergehen müssen und werden. Deswegen ist es logisch, die anderen Instrumente für eine gemeinsame Währung auszubauen."

Ein europäischer Finanzminister wird da irgendwann mal dazugehören, zur Verwunderung vieler, die das heute für unwahrscheinlich halten. Und irgendwann auch wirklich eine Einnahmeseite der EU, die den Namen auch verdient.

Peter Schlosser

Der Sommer des Jahres 2011 war heiß in New York. Und er endete abrupt mit der Ankündigung eines jener Hurrikans, die sich in der Karibik bilden und dann gen Norden ziehen. Ende August sollte meine Tochter in New York ankommen, ihr Vorbereitungskurs auf die neue Schule, das Loyola-Gymnasium, begann in der Woche. Doch Hurrikan Irene machte einen Strich durch die Rechnung. Für das Wochenende sagten die Meteorologen sein Eintreffen in der Gegend von New York City voraus. Ein vorbeugendes Krisenprogramm trat in Kraft: Ab Samstagabend wurde Manhattan wirklich in eine

Insel verwandelt. U-Bahnen blieben in ihren Depots oder wurden auf höher gelegenen Gleisen abgestellt. Brücken wurden ab Samstagnachmittag gesperrt. New York machte die Schotten dicht. Auch die drei Flughäfen der Stadt, John F. Kennedy, La Guardia und Newark, New Jersey, wurden geschlossen. Alle drei liegen maximal 50 Zentimeter höher als der Meeresspiegel und drohen bei einem größeren Sturm leicht überflutet zu werden. Das hieß zunächst einmal, dass meine Tochter nicht fliegen durfte. Und die Umbuchung führte dazu, dass sie erst eine Woche später kommen konnte, gerade noch rechtzeitig zum Beginn des neuen Schuljahres, aber mit dem Kennenlernen war es nichts.

Für das Studio bedeutete es zunächst einmal Wochenenddienst unter verschärften Bedingungen. Tagelang hatten die Wetterstationen Irene in ihrer tödlichen Wanderschaft durch die Karibik bereits begleitet und verschiedene Szenarios dargestellt, die die Auswirkungen auf die Stadt New York in den düstersten Farben malten. Also ging man überall auf Nummer sicher, besonders in der Verwaltung unter Bürgermeister Bloomberg, und traf Vorsorgemaßnahmen. Die Politik wollte sich nicht vorwerfen lassen, auf eine drohende Gefahr nicht ordentlich reagiert zu haben. Diese mediale Aufbereitung als Spitzenmeldung in Hauptnachrichtensendungen des US-Fernsehens, verbunden mit der Tatsache, dass die Zahl der Toten infolge des Hurrikans von Tag zu Tag auf 56 stieg, ließ auch die Nachrichtenagenturen Warnmeldung über Warnmeldung schreiben. Die Heimatredaktionen kamen in Schwung, immerhin an ihrem Freitagnachmittag, unserem Freitagvormittag in New York, sodass wir uns noch in Ruhe vorbereiten konnten.

Das hieß Wasser und andere Vorräte einkaufen, Gummistiefel aus dem Keller holen und Zeug zum Wechseln mitbringen ebenso wie Zahnbürste, Rasierapparat etc., damit man notfalls ein, zwei Nächte im Büro werde übernachten können. Und in der Tat, beim Einkauf im nahe gelegenen Supermarkt stellte ich fest, die Regale mit Wasser und Brot waren schon ziemlich leer gekauft. Aber am Ende hatten wir ausreichende Vorräte im Büro für jeden, der an dieser Katastrophenberichterstattung teilnehmen musste.

Leitungen waren gebucht, die Vorhersagen wurden präziser, das Auftreffen des Hurrikans aufs Festland wurde für den Zeitraum zwischen Samstagabend und Sonntag gegen Mitternacht vorhergesagt, viel genauer lässt sich das nicht prophezeien, da ein Hurrikan ständig Geschwindigkeit, Richtung und damit auch Gefährlichkeit verändert. Vorsichtshalber sollten Menschen, die in den hochwassergefährdeten Gebieten von Manhattan, Queens und Brooklyn wohnten, ihre Hochhäuser verlassen und sich auf höher gelegenes Festland zurückziehen. Dafür hatte die Stadt erst Lautsprecherwagen durch die Stadtteile geschickt und dann die Polizei beauftragt, zu prüfen, ob diese Anweisungen auch wirklich eingehalten wurden. Bei einer Stadt der Größe New Yorks lässt sich das natürlich nicht hundertprozentig überprüfen, und wir hatten bereits bei unseren Drehs in den hochwassergefährdeten Gebieten festgestellt, dass die Menschen die Drohungen nicht wirklich ernst nahmen. Einige verließen ihre Wohnungen, um aufs Land zu Verwandten und Freunden zu fahren, aber viele machten sich einen Spaß daraus, dem Hurrikan Irene in der Stadt zu trotzen. Aus allem, was wir wussten, rechneten wir mit dem Eintreffen des Hurrikans gegen 21.00 Uhr am Samstagabend Ortszeit, 3.00 Uhr am Morgen in Deutschland.

Am Times Square, ca. zehn Gehminuten von unserem Studio in der Third Avenue entfernt, hatten die örtlichen Fernsehanstalten einige Fernsehkameras aufgebaut, die Live-Schaltgespräche ermöglichten. Wir buchten verschiedene Leitungen, unter anderem für Sonntagmorgen 9.00 Uhr deutscher Zeit zur ersten aktuellen Sendung. Das hieß für New York: mitten in der Nacht um 3.00 Uhr. Der Sturm kam näher, verlor allerdings an Fahrt, und am Ende war er im Grunde wirklich kein Hurrikan, der auf New York zukam, sondern eine massive, sehr stürmische Regenfront. Die meisten Schäden verursachte Irene in der Karibik, in North Carolina und später weiter nördlich in Kanada.

In Manhattan waren lediglich erhebliche Windböen zu spüren, die über Stunden massiven Regen in die Stadt brachten. An ein paar Stellen filmten wir in jener Nacht, und auch die Bilder, die wir von den lokalen Fernsehanstalten sahen und aufzeichneten, deuteten eher auf ein glimpfliches Ende des Hurrikans als Tropensturm in New York hin. Ein paar Berichte ließen sich absetzen und einige Live-Gespräche, die dem Zuschauer in Deutschland klarmachen sollten: Die Situation ist zwar wirklich nicht schön, aber auch nicht lebensgefährlich. Allerdings mit Abstand zu den aktuellen Ereignissen muss man feststellen: Dieser Sturm brachte für viele Menschen Unheil und Zerstörung. Die wirtschaftlichen Schäden durch zerstörte Häuser, Brücken, Autos, Schiffe summierten sich am Ende auf mehr als 15,6 Milliarden US-Dollar allein in den USA. Die Staaten der Karibik und Kanada hatten zusammen eine ähnlich hohe Schadensumme zu beklagen wie die USA allein.

Nur ein Jahr später, im Sommer des Jahres 2012, bedrohte ein weiterer Hurrikan, Sandy getauft, die Ostküste der USA. Er erwies sich als wesentlich schlimmer als Irene 2011. Wieder wurden an der US-Ostküste die Evakuierungspläne in Kraft gesetzt, wieder wurden Brücken und Flughäfen gesperrt, der U-Bahn- und Busverkehr wurde eingestellt. Doch diesmal traf es die amerikanische Ostküste von New Jersey bis Connecticut viel härter. Parallelen wurden gezogen zu einem Sturm im Jahr 1938, der damals an der Nordostküste der USA mehr als 2000 Todesopfer forderte.

233 Tote in acht betroffenen Ländern von der Karibik bis in die USA, 68 Milliarden US-Dollar Schäden mindestens wurden festgestellt. Dieser Tropensturm war zumindest für New York City, aber wohl auch für Teile der politischen Öffentlichkeit in den USA wie Präsident Barack Obama ein Weckruf. Zieht man in Betracht, dass von den 30 Megacitys der Welt 15 wie New York unmittelbar am Meer liegen, weiß man nach Analyse der Ereignisse in New York, was geschieht, wenn man die Erderwärmung nicht umgehend stoppt.

Für verschiedene Berichte sah ich mich in New York um und fand gleich mehrere Experten in der Stadt, die deutsche Wurzeln hatten:

Klaus Jacob, vor mehr als 40 Jahren in die USA gekommen, gilt als einer der Klimapäpste der Wissenschaft. Mittlerweile ist er über 70 und trotz Pensionierung immer noch an der Columbia University aktiv. Er wohnt mit seiner Frau ca. 30 Kilometer nordwestlich von Manhattan in einem Haus nur 30 Meter vom Hudson River entfernt. Sein Haus stand bei Sandy bis zur halben Höhe des Erdgeschosses unter Wasser, obwohl es ein wenig erhöht gebaut ist.

In mehreren Gesprächen erläuterte er mir ebenso wie Peter Schlosser vom Lamont-Doherty-Institut der Columbia University, was dringend getan werden müsse, damit solche Ereignisse in Zukunft nicht zum Regelfall werden.

Es gelte, den Ausstoß von CO_2-Emissionen weltweit schnellstens zu begrenzen und dann über einen nicht allzu langen Zeitraum auf Null zu fahren. Nur so kann man erreichen, dass die Erderwärmung bei zwei Grad Celsius bis zur Mitte dieses Jahrhunderts angehalten werden kann. Das könnte dazu führen, dass auch der Anstieg des Meereswasserspiegels zum Stillstand kommen könne.

Peter Schlosser, studierter Umweltphysiker aus Heidelberg, kam 1989 nach New York. Für ihn ist die Forschung zum Klimawandel, zu den Veränderungen, die sich in der Arktis beobachten lassen, ein Stück Beitrag zum Frieden des Menschen mit der Natur. Sein Deutsch ist holprig geworden, aber der badische Einschlag ist immer noch herauszuhören. Er argumentiert nüchtern, wissenschaftlich. Schlosser ist kein Missionar in Sachen Klimawandel, aber seine Argumente vor dem Hintergrund des Hurrikans Sandy und dessen Folgen fordern dringend Umdenken und Handeln aller staatlichen Stellen wie auch der Konsumenten.

Würde die Menschheit weitermachen wie bisher, dann wäre auf einmal ein Punkt erreicht, wo das Klima nicht nur immer schlechter wird, sondern wo es schlicht kippen kann. So kippen, dass die Erde für den Menschen nicht mehr bewohnbar wäre. Man kann diesen Punkt nicht ganz genau definieren, aber wir nähern uns ihm an.

Peter Schlosser erklärt, es sei schon mehr als „fünf vor zwölf", was Klimawandel und Erderwärmung angehe. Und wenn die Pariser Klimakonferenz im Dezember 2015 keine realistischen Beschlüsse fasse, die zu wirklichen Veränderungen führten, dann könne es auch sehr schnell „fünf nach zwölf" sein. Im Grunde blieben noch zwei Jahrzehnte Zeit umzusteuern. Peter Schlosser sieht nüchtern die Schwierigkeiten, die die Klimaforscher haben, mit ihren Erkenntnissen durchzudringen.

Klar: Sandy hat kurz vor den Präsidentschaftswahlen 2012 schlagartig klargemacht: Da ist ein Problem. Die Politiker der USA mussten sich dazu verhalten, weil sie nicht nur die Katastrophe managen und deren Folgen bewältigen mussten. Sie wurden diesmal auch gefragt, wo die Ursachen für die Katastrophe liegen. Obama, so ist Schlosser überzeugt, habe dabei die besseren Antworten geliefert. Aber man darf auch nicht übersehen, nach wie vor sind vor allem auf der republikanischen Seite der USA viele unterwegs, die den Klimawandel einfach nicht als menschengemacht ansehen. Zu ihnen gehört beispielsweise Marco Rubio, in den republikanischen Vorwahlen zur Präsidentschaftswahl 2016 einer der Kandidaten. Er erklärte: „Ich glaube nicht, dass menschliche Aktivitäten die dramatischen Veränderungen unseres Klimas verursachen, so wie die Wissenschaftler es beschreiben. Und ich glaube, alle Gesetzesvorschläge würden nichts ändern, sie würden nur unsere Wirtschaft zerstören."

Genau hier sieht Peter Schlosser das Hauptproblem: Technisch gebe es durchaus eine Vielfalt an Maßnahmen, mit denen man der Erderwärmung Herr werden könne. Doch das erfordere wirklich viele Veränderungen im Alltag der Menschen in den kommenden 20 Jahren. Wie man die bewirken kann, das ist aus seiner Sicht die Kardinalfrage. Es geht um Einstellungsänderungen, Verhaltensänderungen, und aus den Sozialwissenschaften weiß man sehr gut: Sie sind das Schwierigste überhaupt. Verändern wir unser Verhalten, was Mobilität, Klimaanlagennutzung, Solar- und Windenergie angeht, dann ändert sich ja nicht von heute auf morgen die Umwelt hin zum Besseren. Das Dilemma: Wir müssen schnell handeln, um in den kommenden 20 Jahren die Spirale der Erderwärmung zu stoppen und so unseren Enkeln eine lebenswerte Umwelt zu überlassen.

Wie schwierig das ist, macht ein kleines Beispiel deutlich: Klaus Jacob, der bereits erwähnte Klimawissenschaftler und Kollege von Schlosser, war ja selbst von Hurrikan Sandy und seinen Verwüstungen betroffen.

Als ich ihn zum Interview nach einem halben Jahr besuchte, war das Haus wieder bestens von den Spuren der Katastrophe befreit. Damals im Frühjahr 2013 plante er, sein Haus um mindestens 80 Zentimeter anheben zu lassen, um künftigen Hochwassern besser begegnen zu können. Begeistert bat ich ihn um einen Hinweis, wann er bauen wolle, um das zu filmen. Als ich nach einem halben Jahr nichts gehört hatte, rief ich ihn wieder an: „Wir haben uns das jetzt doch anders überlegt: Die Kinder wollen das Haus nicht, das Höherlegen kostet mindestens 200 000 US-Dollar, die letzte Renovierung hat 50 000 US$ gekostet, die statistische Wahrscheinlichkeit, dass es wieder passiert, beträgt zehn Jahre. Da haben meine Frau und ich, beide über 70, gesagt, das lassen wir doch lieber, das ist billiger, notfalls noch einmal zu renovieren", so Klaus Jacob.

Einstellungsänderung ist also selbst bei Klimaforschern nicht so einfach herzustellen, dass sie wirklich zu Veränderung führt. Für die Jacobs bleibt im häuslichen Bereich alles beim Alten. Weitere wirtschaftliche Argumente können den Wandel herbeiführen. Gesetze allein werden so schnell nichts ändern.

Malcolm Elvey

In Manhattan begegnet man Menschen, die über viel Geld verfügen. Die weltweit höchste Dichte an Milliardären herrscht auf der Hauptinsel New Yorks. Bei einer Wohltätigkeitsveranstaltung zugunsten Obdachloser lernte ich Malcolm Elvey kennen. Und durch ihn begriff ich, wie der unternehmerische Nachwuchs in den USA gefördert wird: durch Angel-Investoren. Viele junge Menschen in den USA, die über gute Ideen und ansatzweise kaufmännisches Geschick verfügen, starten eine

Karriere zunächst mit Hilfe ihrer Eltern – wie einst Steve Jobs von Apple oder Bill Gates von Microsoft. Mit einer ersten Finanzspritze der Eltern versuchen sie, ihre Geschäftsidee in die Realität umzusetzen. In Phase zwei kommen jene Angel-Investoren hinzu. Elvey erläuterte mir sein Tun an verschiedenen Beispielen.

Doch vielleicht zunächst ein wenig zur Karriere Elveys. 1946 im südafrikanischen Johannesburg geboren, schloss er zunächst sein Betriebswirtschaftsstudium an der Universität Kapstadt ab. Er unterrichtete dort noch eine Zeit lang Finanzen und Strategie, bis er sich entschloss, das Gelernte in der Praxis eines Lebensmittelkonzerns anzuwenden. Er lernte in den 60er-Jahren die Großhandelskonzepte von Märkten wie Metro kennen und begann, sie zu übertragen – erst auf Südafrika, dann auch auf die USA, wohin er gesandt wurde, um 60 Filialen aufzubauen, mit Erfolg. Seit 1975 lebt er in New York. Dass er es geschafft hat, beweisen auch die Stationen seines Wohnens in der Stadt: Mit den kleinen Kindern wohnte er an der Fifth Avenue, gegenüber des Central Parks; als die aus dem Haus waren, zog er um an die Park Avenue. Jemand, der dort eine Eigentumswohnung besitzt, kann sagen, er habe es geschafft.

Aus dem Lebensmittelhandel hat er sich mittlerweile zurückgezogen. Immer noch aktiv mit verschiedenen Geschäften widmet er sich nun vor allem der Förderung des Nachwuchses. Auf kleinen Messen stellen junge Menschen ihre Geschäftsideen vor, viele von ihnen im IT-Bereich, aber auch weit darüber hinaus. Mir stellte er zwei junge Betriebswirtschaftsstudenten vor, die ein Gastsemester in Ecuador absolviert hatten. Dabei hatten sie die Handelsstrukturen einer einheimischen Gruppe von bäuerlichen Indianern analysiert und waren auf einen Tee gestoßen, den sie mittlerweile als Tee und als Erfrischungsgetränk an der Ostküste der USA vertreiben. Direktes Marketing von Agrarerzeugnissen, zum Wohle der Bauern in Ecuador und zu eigenem Wohle vorbei an den Lebensmittelmultis der USA. Fairer Handel auf US-amerikanisch, wenn man so will. Elvey beteiligte sich am Anfang an dem Geschäft mit 100 000 US-Dollar. Mittlerweile läuft die Verarbeitung und Vermarktung so gut, dass der junge Betrieb Gewinn erwirtschaftet. Faustformel für Elvey ist: „Wenn du in 10 neue Ideen investierst, werden 2 bis 4 vernünftig starten, nach einer gewissen Zeit Gewinne abwerfen und deine Investition wieder erwirtschaften. In den anderen Fällen allerdings muss man auch damit rechnen, dass Geld zunächst mal verloren sein kann." Die Mischung macht es, so könnte man sagen. Und noch eins ist anders: Der Angel-Investor gibt nicht nur Geld, sondern er berät auch basierend auf seinen eigenen Erfolgen die Jungunternehmer. Er erarbeitet mit ihnen Businesspläne und stützt den Nachwuchs sogar dann, wenn der mal einen Fehler gemacht hat. Aus Fehlern, so Elveys Credo, kann man nur lernen. Wenn der Fehler korrekt analysiert ist, und man daraus für die Fortführung des Projektes die richtigen Schlüsse zieht, kann man als junger Unternehmer auch wieder mit frischen Investments rechnen.

Offenheit auf beiden Seiten ist gefragt, eine Kultur des Irrtums und des neuen Versuchs – etwas anders als in vielen Bereichen Deutschlands, wo diese Art der Förderung erst allmählich Fuß fasst.

Zurzeit residiert Elvey in einem Loft in Chelsea, sein Büro ist in einem Schlaf-Wohnzelt untergebracht, einem Muster für eine Art von Camping, die eine luxuriöse Teilnahme an Openairfestivals ermöglichen soll. Auch das ist eine neue Geschäftsidee junger Leute, die er fördert und berät. Von der Idee ist er offensichtlich selbst richtig begeistert. Noch ist offen, ob diese Art der VIP-Festivalbetreuung wirklich erfolgreich werden wird.

Elveys Ideen und Handlungsweisen habe ich hier kurz skizziert, weil sie so anders sind als vieles, das man in Deutschland so kennt. Die Verbindung von Alt und Jung, von Arm und Reich führt zu einem Stück sozialer Gerechtigkeit zwischen den Generationen und zwischen den Schichten. Bei aller sich verschärfenden sozialen Ungleichheit in den USA, die zu sozialem Unfrieden führt: Viele Amerikaner fühlen sich verpflichtet, von dem einmal erarbeiteten Wohlstand etwas abzugeben. Sie wollen Chancen schaffen, von denen sie zu Beginn ihrer jeweiligen Karrieren auch profitieren konnten. Insofern trägt Malcolm Elvey auch zum sozialen Frieden bei.

Epilog: Doch noch ein Schritt

Noch einmal zum brisanten Thema des atomaren Wettrüstens: Die Zahl der Atomwaffenstaaten ist in den vergangenen 70 Jahren gestiegen – trotz aller Versuche, die
Weiterverbreitung zu verhindern. Zu den USA, Russland, China, Frankreich und Großbritannien traten Pakistan und Indien hinzu. Nordkorea ist im Besitz mehre-
rer Atomsprengköpfe und entsprechender Mittelstreckenraketen. An Langstreckenraketen wird gearbeitet.
Israel hat die Atomwaffe. Zwar gelang es im Laufe der
Jahre, Libyen, Südafrika und Brasilien vom Weg zur
Atomwaffe abzubringen. Aber beim Iran zeigte sich auch,
wie schwer es ist, Staaten davon abzuhalten.

2004 war man in Verhandlungen zwischen dem Iran,
dem Vereinigten Königreich, Frankreich und Deutschland schon einmal fast so weit, ein Abkommen zu erzielen, das den Weg zur Atomwaffe versperrt hätte. Die
Islamische Republik Iran hätte damals weitgehend auf
die Anreicherung von Uran als Vorstufe zum Atom-
strom verzichten sollen. Ganz wollte der Iran das nicht,
und deswegen stoppten Frankreich und Großbritannien
auf Druck der US-Regierung unter George W. Bush
damals den bereits so gut wie fertigen Vertrag.

Erst im Juli 2015 erzielte man die Einigung, die dem
Iran zumindest in den nächsten 15 Jahren den Bau einer
Atomwaffe so gut wie unmöglich machen soll. Erst
nachdem die USA willens waren, unmittelbar mit den
Iranern zu verhandeln, kamen unter Präsident Barack
Obama und unter dem reformorientierten iranischen
Präsidenten Rohani 2012 Kontakte und 2013 Verhand-
lungen zustande, die nach drei Jahren zum Abkommen
von Wien führten. Das Abkommen ist ein Kompromiss:
keine Atomwaffen in den nächsten 15 Jahren, dafür

Aufhebung der wirtschaftlichen Sanktionen gegen den Iran.

Im Vorfeld der abschließenden Verhandlungen zum Iran-Abkommen besuchte ich 2013 an der Yeshiva University von Manhattan eine Diskussion zum Thema, an der auch Sheldon Adelson teilnahm. Adelson, milliardenschwerer Spielcasinobesitzer aus Las Vegas, ist ein großer Unterstützer Israels und der konservativsten Republikaner. In den vergangenen Jahren spendete er große Summen für jene Kandidaten, die an ihrer Treue zu Israel keinen Zweifel ließen. Seine Botschaft bei dieser Podiumsdiskussion war sehr simpel: Den Iranern kann man nicht vertrauen, deswegen kann man mit ihnen kein Abkommen schließen. Der einzige Weg, ihren Weg zur Atombombe zu stoppen, ist, sie zu bombardieren, sie mit Krieg zu überziehen, ihre technischen Fähigkeiten zu zerstören. In dem sehr spezifischen Forum, gefüllt mit ultraorthodoxen Juden aus New York und Umgebung und republikanischen Tea-Party-Anhängern, erhielt er dafür großen Beifall.

Adelson steht da nicht allein: Der erzkonservative John Bolton, unter Ronald Reagan UN-Botschafter, schrieb kurz vor der Endphase der Iran-Gespräche in Wien noch einmal in einem Meinungsartikel der New York Times: „Bomb Iran" – „Iran bombardieren!" Und er spricht damit doch einer nennenswerten Minderheit in den USA aus dem Herzen. Dass die Republikaner den Vertrag zunächst im Kongress und Senat scheitern lassen wollen, liegt aber eindeutig auch an der beginnenden Wahlkampagne um den nächsten Präsidenten der USA.

Der Vertrag von Wien zur atomaren Abrüstung des Iran wird von vielen Befürwortern als erste wirkliche Abrüstungsvereinbarung angesehen seit dem „Nichtweiterverbreitungsvertrag von Atomwaffen" von 1968, in Kraft getreten 1970.

Wirklicher Frieden sieht natürlich anders aus. Gerade letzteres Beispiel zeigt bei näherem Hinsehen, wie vielgestaltig, geradezu unterschiedlich die USA in der Politik immer wieder handeln: Die USA waren es, die Schah Reza Pahlavi, dem Kaiser auf dem iranischen Pfauenthron, in den 50er-Jahren erlaubten, neben dem Erdöl auch Atomkraft als Stromerzeugungsquelle in Angriff zu nehmen. Als der diktatorisch regierende Schah 1979 vom religiösen Führer Ayatollah Khomeini aus dem Land gejagt und aus dem persischen Kaiserreich die Islamische Republik Iran wurde, blieben das atomare Know-how und die bereits gelieferten Installationen im Land. Der Iran, der überdies über den Rohstoff Uran verfügt, arbeitete weiter an der Beherrschung der Atomtechnologie. Im Jahr 2002 kam der Verdacht auf, der Iran arbeite heimlich an der Entwicklung der Atomwaffe. Das wäre für den Mittleren Osten eine Katastrophe, denn das hätte, ähnlich wie bei Indien und Pakistan, zu einem atomaren Rüstungswettlauf geführt, bei dem die Türkei, Ägypten und Saudi-Arabien ebenfalls nach der Atomwaffe gestrebt hätten.

Mit großer Mühe scheint es nun zu gelingen, atomare Aufrüstung im Krisengebiet Nahost zu verhindern. Doch die Kriege in dieser Region und anderswo auf der Welt sind noch nicht beendet.

Die mühsame Suche nach Frieden geht weiter.

Zeittafel

1956   Herbst: Niederschlagung des Ungarn-Aufstands durch sowjetische Truppen, Massenflucht nach Westen

1961   Kuba-Krise, die Sowjetunion stationiert Raketen auf Kuba

1968   August: Einmarsch sowjetischer Truppen in die Tschechoslowakei, Ende des Prager Frühlings

1969   20. Juli: Mondlandung, Neil Armstrong und Edwin Aldrin betreten als erste Menschen den Mond.

1972   ABM-Vertrag (Anti Ballistic Missile Treaty) zwischen den USA und der Sowjetunion

1973   Ende des Vietnamkrieges

1975   August: Konferenz für Sicherheit und Zusammenarbeit in Europa (KSZE) in Helsinki beschließt Schlussakte über die Unverletzlichkeit der Grenzen in Europa und zur Achtung der Menschenrechte

1979   NATO-Doppelbeschluss

1980   Gründung der polnischen Gewerkschaft Solidarność

1981   10. Oktober: 1. Bonner Demonstration gegen die Stationierung von Mittelstreckenraketen in Westeuropa und Deutschland

13. Dezember: Ausrufung des Kriegsrechts in Polen durch Präsident Jaruzelski

1982   Juni: Delegation der Deutschen Bischofskonferenz besucht Polen

10. Juni: 2. Großdemonstration in Bonn

1. Oktober: Helmut Kohl wird Bundeskanzler per Misstrauensvotum

1983   März: Einzug der Partei „Die Grünen" in den Deutschen Bundestag

18. April: Hirtenwort der Deutschen Bischöfe „Gerechtigkeit schafft Frieden"

Dezember: Stationierung der Mittelstreckenraketen in Deutschland

1984   22. November: Kohl und Mitterrand in Verdun

1985   5. Mai: Reagan und Kohl in Bitburg auf dem Soldatenfriedhof

1986   26. April: Tschernobyl GAU, größter anzunehmender Unfall im Atomkraftwerk Tschernobyl (heute Ukraine)

1989   9. November: Mauerfall in Berlin

1990   18. März: erste und einzige freie Wahl zur DDR-
        Volkskammer

        August: Invasion des Irak in Kuweit

        3. Oktober: Vollzug der deutschen Einheit

        2. Dezember: Wahl zum ersten gesamtdeutschen
        Bundestag

1991   16. Januar: US-Operation „Desert Storm" ver-
        treibt mit UN-Sicherheitsratsmandat die Iraker
        aus Kuwait

        20. Juni: Bundestag votiert für Berlin als Haupt-
        stadt Deutschlands

        1. Juli: Auflösung des Warschauer Paktes

        21. Dezember: Ende der Sowjetunion

1992   August: Start des Bundeswehr-Sanitätseinsatzes
        in Kambodscha

1993   12. April: Start der Operation „Deny Flight"
        über Bosnien und Herzegowina, mit dabei Bun-
        deswehrmaschinen

        Juli: Start des Bundeswehreinsatzes in Somalia

1995   November: Sturz Rudolph Scharpings als Par-
        teivorsitzender SPD

        Dezember: Abschluss Dayton-Vertrag, Frieden
        für Bosnien und Herzegowina

1998   27. September: Bundestagswahl, Ende der Ära
        Kohl, Gerhard Schröder wird Kanzler einer rot-
        grünen Koalition

1999   23. März: Beginn des 78-Tage-Krieges gegen
        Serbien, um die Massenflucht aus dem Kosovo
        zu beenden

        Die Republik Tschechien, Polen und Ungarn
        werden NATO Mitglied

2001   11. September: Terrorangriff auf New York und
        Washington D. C.

        7. Oktober: Beginn des Krieges gegen Osama bin
        Laden und die Taliban in Afghanistan

2003   19. März: US-Angriff auf den Irak

2004   Erste große Ost-Erweiterungsrunde der EU

2005   Die Internationale Atomenergieorganisation
        IAEO und ihr Generalsekretär Mohammed el-
        Baradei erhalten den Friedensnobelpreis

2008   17. Februar: Das Kosovo wird unabhängig

        15. September: Das Bankhaus Lehmann
        Brothers meldet Konkurs an, die Weltfinanzkri-
        se beginnt.

2009   Januar: Barack Obama wird als erster Afro-
        Amerikaner Präsident der USA

April: Obama plädiert in einer Rede in Prag für eine atomwaffenfreie Welt

Oktober: Obama erhält den Friedensnobelpreis

2011   Der Weltsicherheitsrat der UN billigt eine Flug-verbotszone über Libyen, Deutschland stimmt dagegen

2011   August: Hurrikan Irene trifft Nordamerikas Ostküste

2012   Oktober: Hurrikan Sandy trifft Nordamerikas Ostküste

Oktober: Die EU erhält den Friedensnobelpreis

2013   In Genf beginnen erneut die Gespräche Iran mit den USA, Deutschland, Großbritannien, Frank-reich Russland und China

2015   Juli: Atomabkommen mit dem Iran, der Atom-streit ist beendet

Der Autor

Klaus Prömpers wurde 1949 in Düsseldorf geboren. Dort machte er seine ersten Erfahrungen mit dem Journalismus als freier Mitarbeiter des Lokalteils der Rheinischen Post. Nach Studium von Volkswirtschaft und Betriebswirtschaft in Köln begann er, auch für den Hörfunk zu arbeiten. Parallel dazu engagierte er sich in der Katholischen Studierenden Jugend (KSJ) im Bund Neudeutschland und wurde Generalsekretär der Organisation in Köln. Seine Aufmerksamkeit richtete er auf die Entwicklungspolitik. Gemeinsam mit der Evangelischen Jugend organisierte er verschiedene Aktionen wie „Freiheit für Namibia", die „Aktion Aluschock", die den Zusammenhang zwischen Rohstoffverbrauch aus der Dritten Welt und dem Konsum in der Ersten Welt bewusst machte. „Jute statt Plastik" war eine andere Aktion.

Ab Ende der 70er-Jahre begann er, hauptberuflich für Rundfunk und Fernsehen in Köln zu arbeiten: Deutschlandfunk, WDR und Deutsche Welle waren die ersten Stationen. Von 1981 bis 1989 moderierte er die Morgensendung des Deutschlandfunks.

Als Einzelpersönlichkeit wählte das Zentralkomitee der deutschen Katholiken ihn zum Sprecher für Publizistik. Am 1. November 1989 wechselte er ins ZDF-Studio Bonn, bis dies 1999 nach Berlin umsiedelte. Prömpers konzentrierte sich auf die Außen- und Sicherheitspolitik, wechselte von Bonn nach Brüssel und wurde dort ZDF-Korrespondent für die NATO und die sich gerade bildende europäische Außen- und Sicherheitspolitik.

Es folgten sechseinhalb Jahre in Wien für den Raum Südosteuropa und schließlich das ZDF-Studio in New York. Seit 2015 arbeitet er wieder in Wien, unter anderem für das Fernsehen der Deutschen Welle aus Südosteuropa.